NA
COVA
COM UM
LEÃO
EM UM DIA
DE NEVE

NA COVA COM UM LEÃO EM UM DIA DE NEVE

Como fazer dos obstáculos nossas grandes conquistas

Mark Batterson

Vida

Editora Vida
Rua Conde de Sarzedas, 246 – Liberdade
CEP 01512-070 – São Paulo, SP
Tel.: 0 xx 11 2618 7000
atendimento@editoravida.com.br
www.editoravida.com.br

Originally published in English under the title:
In a Pit with a Lion on a Snowy Day by Mark Batterson
Copyright © 2006 by Mark Batterson
Published by Multnomah Books
a division of Random House, Inc.
12265 Oracle Boulevard, Suite 200
Colorado Springs, Colorado 80921 USA
All non-English language rights are contracted through:
Gospel Literature International
P.O. Box 4060, Ontario, California 91761-1003 USA
This translation published by arrangement with
Multnomah Books, a division of Random House, Inc.
Portuguese edition © 2009, Editora Vida Ltda.

∎

Todos os direitos desta obra em língua portuguesa reservados por Editora Vida.

Proibida a reprodução por quaisquer meios, salvo em breves citações, com indicação da fonte.

∎

Scripture quotations taken from Bíblia Sagrada,
Nova Versão Internacional, NVI ®.
Copyright © 1993, 2000, 2011 Biblica Inc.
Used by permission.
All rights reserved worldwide.
Edição publicada por Editora Vida,
salvo indicação em contrário.

Editor responsável: Gisele Romão da Cruz
Editor-assistente: Amanda Santos
Tradução: Lena Aranha
Revisão de tradução: Rosana Brandão
Revisão de provas: Polyana Lima
Diagramação: Set-up Time
Capa: Arte Vida

Todas as citações bíblicas e de terceiros foram adaptadas segundo o Acordo Ortográfico da Língua Portuguesa, assinado em 1990, em vigor desde janeiro de 2009.

1. edição: 2017
1ª reimp.: mar. 2022

Dados Internacionais de Catalogação na Publicação (CIP)
(Câmara Brasileira do Livro, SP, Brasil)

Batterson, Mark
   Na cova com um leão em um dia de neve : como fazer dos obstáculos nossas grandes conquistas / Mark Batterson ; tradução Lena Aranha. — São Paulo: Editora Vida, 2009.

   Título original: *In a Pit with a Lion on a Snowy Day: How to Survive and Thrive When Opportunity Roars.*

   ISBN 978-85-7367-996-0

   1. Bíblia. A.T. Samuel - Crítica e interpretação I. Título.

08-10971   CDD-222.406

Índices para catálogo sistemático:
1. Samuel : Antigo Testamento : Bíblia 222.406

Dedicado a Parker, Summer e Josiah.
Que vocês cresçam e se tornem caçadores de leão.

SUMÁRIO

Capítulo 1: Olho no olho com seu leão — 9

Capítulo 2: A possibilidade da impossibilidade — 22

Capítulo 3: Desaprenda seus medos — 42

Capítulo 4: A arte de recompor — 62

Capítulo 5: Incerteza garantida — 84

Capítulo 6: É arriscado jogar seguro — 108

Capítulo 7: Agarre a oportunidade pela juba — 133

Capítulo 8: A importância de parecer tolo — 156

Capítulo 9: Solte o caçador de leão que existe em você — 176

Agradecimentos — 181

CAPÍTULO 1

Olho no olho com seu leão

*Você é eternamente responsável
por aquilo que cativa.*

ANTOINE DE SAINT-EXUPÉRY

Há uma passagem obscura na Escritura que duvido que algum professor de escola dominical já tenha designado como um versículo para memorização. Essa passagem não foi interpretada em nenhuma das aulas de teologia sistemática que tive no seminário. Talvez você a tenha lido poucas vezes durante um ano de leitura da Bíblia, mas é provável que ela não tenha disparado o alarme em sua tela de radar.

Essa passagem, entranhada no livro de 2Samuel 23.20,21, no Antigo Testamento, é uma das mais inconcebíveis e inspiradoras passagens da Escritura:

> Benaia, filho de Joiada, era um corajoso soldado de Cabzeel, que realizou grandes feitos. Matou dois dos melhores guerreiros de Moabe e, num dia de neve, desceu num buraco e matou um leão. Também matou um egípcio de grande estatura. O egípcio tinha na mão uma lança, e Benaia o enfrentou com um cajado. Arrancou a lança da mão do egípcio e com ela o matou.

É fácil ler uma passagem como essa nos confortáveis limites da sua casa ou escritório, mas essa atitude deixa de captar a incrível demonstração de coragem de Benaia. Você já conheceu ou ouviu falar de alguém que tivesse caçado um leão? Claro, a Barnum & Bailey tem domadores de leão. Mas caçador de leão? Benaia não tinha um rifle de caça nem um bom jipe. Ele não estava em um safári.

A Escritura não nos conta o que Benaia fazia nem aonde ia quando se deparou com esse leão. Não sabemos a hora do dia nem a disposição de mente de Benaia. Mas a Escritura mostra sua reação visceral. E foi corajosa. Essa é classificada como uma das reações mais improváveis registradas na Escritura. Em geral, quando a imagem de uma besta que devora seres humanos caminha ao longo do nervo óptico e é registrada no córtex visual, o cérebro envia uma mensagem premente: *fuja*.

As pessoas normais fogem de leões. Elas correm o mais distante e o mais depressa quanto podem. Mas os estímulos dos caçadores de leão são diferentes.

O único leão que a maioria de nós já encontrou estava empalhado ou engaiolado. Poucos de nós já vivenciaram um combate cara a cara que nos forçasse a lutar por nossa vida. Mas tente se colocar no lugar de Benaia.

Benaia vê algo com o canto dos olhos. Não sei a que distância o leão está — é provável que a visão deles estivesse obscurecida pela neve que caía — mas há um momento em que Benaia e o leão se olham, um no olho do outro. As pupilas dilatam. Os músculos ficam tesos. A adrenalina corre.

Que momento hollywoodiano!

Imagine assistir à cena em uma tela de cinema com som de alta fidelidade. As juntas dos seus dedos ficam brancas enquanto você agarra o braço da poltrona. A pressão sanguínea acelera. E toda a audiência antecipa o que acontecerá a seguir. Os roteiros de encontros com leões tendem a seguir o mesmo caminho. O homem corre assustado. O leão caça. E o rei dos animais almoça o homem.

Mas não dessa vez! Quase tão improvável quanto cair de pé, ou seu relógio andar no sentido anti-horário, o leão foge, e Benaia o persegue.

A câmera filma a caçada no nível do solo.

Os leões podem correr 56 km/hora e pular nove metros em uma única passada. Benaia não tem muita chance contra o leão, mas isso não o impede de perseguir o bicho. Então, o leão dá um passo errado, crucial. O chão cede sob seu corpo de 226 quilos, e ele escorrega no declive caindo em uma cova coberta de neve. Aposto que o leão pousou sobre as patas. Afinal, os leões são felinos.

Nessa altura, ninguém come pipoca. Olhos fixos na tela. Esse é o momento da verdade, enquanto Benaia se aproxima da cova.

Como que andando sobre gelo fino, Benaia mede cada passo. Chega até a beira da cova e espia lá dentro. Ameaçadores olhos amarelos fixam-no de volta. A plateia inteira pensa a mesma coisa: *Nem pense em fazer isso.*

Você já teve um desses momentos em que faz algo louco e, depois, pergunta-se: *O que será que pensei naquela hora?* Esse deve ser um desses momentos para Benaia. Quem, em seu juízo perfeito, persegue leões? Mas Benaia, agora, tem um momento para refletir melhor, recuperar a sanidade e entender a realidade. E a realidade é esta: *pessoas normais não perseguem leões.*

Assim, Benaia dá meia-volta e se afasta. A plateia solta um suspiro coletivo de alívio. Mas Benaia não vai embora. Ele está tomando impulso. Ouve-se a respiração ofegante dos espectadores à medida que Benaia corre para a cova e dá um salto de fé.

A câmera faz uma tomada panorâmica.

Você vê dois rastros de pegadas que chegam até a beira da cova. Um rastro é de pés. O outro é de patas. Benaia e o leão somem na cavidade da cova. A cena é obscurecida a fim de que o filme seja liberado para todas as faixas etárias. A plateia, por alguns momentos críticos, fica apenas com a trilha sonora de alta fidelidade. Um rugido ensurdecedor soa naquele buraco cavernoso. Os gritos de uma batalha horripilante trespassam a alma.

E, a seguir, silêncio mortal.

A imagem congela.

Todos no cinema aguardam para ver o leão sacudir a juba e empertigar-se fora da cova. No entanto, após alguns momentos de suspense agonizante, a sombra de uma forma humana aparece enquanto Benias escala a cova. O sangue de suas feridas pinga sobre a neve recém-caída. Marcas de garras são visíveis em sua face e em seus braços. Mas Benaia conquista uma das mais improváveis vitórias registradas nas páginas da Escritura.

UM DIA TERRÍVEL, HORRÍVEL, PÉSSIMO, HORRIPILANTE

Logo de início, deixe-me compartilhar uma de minhas principais convicções. Deus participa diretamente dessa tarefa de nos posicionar estrategicamente no lugar certo na hora certa. O sentido de destino é nosso direito inato como seguidores de Cristo. Deus é incrivelmente bom em nos pôr onde ele quer que estejamos. Mas tem uma pegadinha: o lugar certo, muitas vezes, parece o lugar *errado*, e o momento certo, com frequência, parece o momento *errado*.

Posso atenuar o óbvio?

Encontrar um leão na floresta é realmente uma coisa ruim. Uma coisa muitíssimo ruim! Pode-se qualificar, em geral, o encontrar-se em uma cova com um leão em um dia de neve como um dia terrível, horrível, péssimo, horripilante. Não raro, essa combinação de circunstâncias anuncia uma coisa: *morte*.

Não acho que, nessa luta, alguém apostaria na vitória de Benaia — provavelmente nem mesmo o apostador mais audacioso. Ele seria, no mínimo, um azarão que pagaria cem por um. E o fator neve no dia do jogo não ajudaria em nada as chances dele.

A Escritura não nos fornece uma descrição golpe a golpe do que aconteceu na cova. Tudo que sabemos é que, quando a neve estava acomodada, o leão estava morto; e Benaia, vivo. Havia um rastro de patas e de pés.

Agora, pule dois versículos e veja o que acontece na próxima cena.

Em 2Samuel 23.23 lemos: "E Davi lhe deu [a Benaia] o comando da sua guarda pessoal".

Não consigo imaginar muitos outros lugares em que gostaria de *não* estar do que em uma cova com um leão em um dia de neve. Você consegue? Ficar preso em uma cova com um leão em um dia de neve não está na *lista de desejos* de ninguém. Esse é um *desejo mortal*. Mas você tem de admitir que dizer: "Matei um leão em uma cova em um dia de neve", parece ser algo bem impressionante para seu currículo, caso se candidate ao posto de guarda pessoal do rei de Israel!

Você sabe o que quero dizer?

Imagino Davi dando uma olhada em uma pilha de currículos. "Formado em segurança na Universidade de Jerusalém." Não. "Fiz estágio em tempo integral com a guarda palaciana." Sem chance. "Trabalhei para Brinks Carruagens Blindadas." Obrigado, mas também não serve.

Então, Davi chega ao próximo currículo da pilha. "Matei um leão em uma cova em um dia de neve." Davi não checa nem mesmo as referências. Esse é o tipo de pessoa que você quer no comando de sua guarda pessoal. Caçadores de leão dão ótimos leões-de-chácara.

Agora, afaste a câmera e dê uma olhada na história através de lente grande-angular.

A maioria das pessoas veria o leão como 226 quilos de problema, mas não Benaia. A maioria das pessoas qualificaria de tremenda má sorte lutar com um leão em uma cova em um dia de neve. Mas você percebe como Deus consegue transformar o que se considerava um momento ruim em um grande momento? Benaia consegue uma entrevista de emprego com o rei de Israel.

Tenho certeza de que o posto na guarda pessoal do rei era a última coisa que passou pela mente de Benaia quando se encontrou com o leão, mas ele não perseguia apenas um leão. Benaia perseguia uma posição na administração de Davi.

Eis o ponto: Deus está no negócio de elaborar currículos. Ele está sempre usando experiências passadas para nos preparar para as oportunidades futuras. Mas as oportunidades concedidas por Deus, com frequência, vêm disfarçadas em leões devoradores de seres humanos. E a forma como reagimos ao encontrar esses leões determina nosso destino. Podemos nos esconder de medo e fugir correndo de nossos maiores desafios. Ou podemos perseguir nosso destino ordenado por Deus agarrando a oportunidade ordenada por ele, a oportunidade que ele nos oferece.

Reconheço, ao relembrar minha vida, esta simples verdade: as melhores oportunidades foram os leões mais assustadores. Parte de mim queria agir com segurança, mas já aprendera que não assumir riscos é o maior risco de todos.

Desistir de uma bolsa de estudos integral na Universidade de Chicago para abraçar um pequeno seminário era um risco enorme. Pedir minha esposa, Lora, em casamento foi um grande risco. (Claro que não um risco tão grande como o de Lora ao aceitar meu pedido de casamento!) Acomodar todos nossos bens terrenos em um pequeno caminhão de 4,5 metros e mudar para Washington D.C., sem ter onde morar nem garantia de salário foi um enorme risco. Ter cada um de nossos três filhos foi um grande risco. Atirar-me na implantação de uma igreja sem nenhuma experiência pastoral foi um grande risco, para mim e para a igreja.

Ao olhar em retrospectiva, entretanto, percebo que os maiores riscos eram as maiores oportunidades. Algumas daquelas decisões que alteram a vida causaram noites de insônia. Os passos de fé foram acompanhados por um medo agudo que provocava náusea. Passamos por algumas dificuldades financeiras que requereram provisão milagrosa. E tivemos de nos recobrar e tirar o pó depois de cair de cara no chão umas poucas vezes.

Contudo, aqueles foram os momentos que me deram vida. Foram os momentos em que Deus entrou em cena. Foram os momentos que mudaram a trajetória da minha vida.

SEM CORAGEM, SEM GLÓRIA

O dr. Neal Roese, em seu livro *If Only* [Se apenas],[1] faz uma fascinante distinção entre dois tipos de arrependimentos: o arrependimento de ação e o arrependimento de inação. O arrependimento de ação é "desejar não ter feito alguma coisa". Em termos teológicos, é chamado *pecado de comissão*. O arrependimento de inação é "desejar

---

[1] ROESE, Neal. *If Only: How to Turn Regret into Opportunity*. Nova York: Broadway, 2005, p. 47-48.

ter feito alguma coisa que não fizemos". Em termos teológicos, é *pecado de omissão*.

Acho que a igreja se fixa no pecado de comissão há tempo demais. Temos uma longa lista de *nãos*. Pense nisso como santidade por subtração. Pensamos que santidade é o subproduto de subtrair algo de nossa vida que não deveria estar lá. E santidade, com certeza, envolve subtração. Entretanto, acho que Deus se preocupa mais com os pecados de omissão — aquelas coisas que poderíamos e deveríamos ter feito. Isso é santidade por multiplicação. Bondade não é ausência da maldade. Você pode não fazer nada de errado e, assim mesmo, não fazer nada de certo. Aqueles que apenas fogem do pecado são meio cristãos. Nosso chamado é muito mais alto que apenas fugir do que é errado. Somos chamados a perseguir leões.

Existe um estranho aforismo: "Sem coragem, sem glória". Quando não temos a coragem de dar um pulo de fé e perseguir leões, então Deus é roubado da glória que pertence a ele por direito.

Alguém mais está cansado do cristianismo reativo, mais conhecido pelo que é contra do que pelo que é a favor? Nós nos tornamos muitíssimo defensivos; muitíssimo passivos. Perseguidores de leões são proativos. Eles sabem que agir com segurança é arriscado. Perseguidores de leões estão sempre de vigília para as oportunidades ordenadas por Deus.

Talvez estejamos medindo maturidade espiritual do jeito errado. Talvez não seja esperado que seguir a Cristo seja tão *seguro* ou *civilizado* como fomos levados a acreditar. Talvez Cristo fosse mais *perigoso* e *incivilizado* do que o descrito no painel da nossa escola dominical. Talvez Deus esteja levantando uma geração de perseguidores de leões.

Neste livro, apresentarei a você alguns perseguidores de leão que conheço. Pessoas como João, advogado de Georgetown, que postergou sua carreira para filmar um documentário sobre o tráfico humano em Uganda. Ou Kurt, professor efetivo, que desistiu de sua cadeira a fim de perseguir o sonho de ter um empreendimento na Internet. Ou Natalie, graduada na faculdade, que se mudou na metade do caminho para o outro lado do mundo para ensinar inglês nas ilhas Marshall. Ou Sarah, da NCC (National Community Church [Igreja Comunidade Nacional]), que seguiu a orientação de Deus em uma viagem missionária à Etiópia, a despeito de seu grande medo. Ou Lee, que não só deixou sua posição de executivo na Microsoft, mas também perdeu seu fundo de ações para implantar uma igreja. Ou Greg, político novato, que decidiu passar o chapéu e concorrer a uma cadeira no congresso.

A maioria de nós aplaude os perseguidores de leões, mas de fora da pista. *Bom para eles!* Somos inspirados por pessoas que enfrentam seus medos e perseguem seus sonhos. O que deixamos de perceber é que elas não são diferentes de nós.

Os perseguidores de leões que você conhecerá neste livro são pessoas comuns. Eles vestem as calças, uma perna de cada vez, como todo mundo. A maioria deles estava morrendo de medo quando compraram a passagem de avião ou entregaram a carta de demissão. E, às vezes, parecia que *eles* estavam cercados pelo leão na cova com neve.

Gostaria de dizer que todo perseguidor de leão termina com uma pele de leão pendurada na parede, mas não é verdade. O sonhador que queria ter um empreendimento na Internet é bem-sucedido, muito mais do que imaginava em seus sonhos mais desvairados; mas o camarada com aspirações políticas perdeu a eleição. No entanto, os dois são perseguidores de leões em meu livro. O que destaca os perseguidores de leão não é o resultado; é a coragem de perseguir os sonhos do tamanho de Deus, os que o Senhor preparou para eles. Os perseguidores de leões não deixam que seus medos nem suas dúvidas os impeçam de fazer o que Deus os chamou a fazer.

Guia de sobrevivência para perseguidores de leões

Tenho uma definição simples de sucesso: faça o melhor que pode com o que tem e onde você está. Em essência, sucesso é obter o máximo de cada oportunidade. Maturidade espiritual é *ver* e *agarrar as oportunidades ordenadas por Deus*. Pense em cada oportunidade como um dom de Deus. O que você faz com essa oportunidade é o seu dom para Deus. Estou absolutamente convencido que nosso maior arrependimento na vida será em relação às oportunidades que perdemos.

No fim do dia, *sucesso equipara-se à boa administração dos recursos de Deus*, e *a boa administração dos recursos de Deus equipara-se ao sucesso*. Entretanto, nossa forma de ver a administração dos recursos de Deus é muitíssimo paroquial. Com certeza, a forma como gerenciamos nosso tempo, talento e tesouro é uma questão importante que diz respeito à administração dos recursos de Deus. E que tal sermos bons administradores de nossa imaginação? Ou do nosso córtex pré-frontal medial ventral (de acordo com os neurologistas, o centro do humor)? Ou que tal administrarmos nossa conduta sexual e nossa veia competitiva? A administração dos recursos de Deus é totalmente inclusiva. Temos de ser bons administradores de cada segundo de tempo e de cada grama de energia. Mas bem no topo da lista da administração dos recursos de Deus está o que chamo de *oportunidade de administração*.

Você, quando cruzar o caminho com um leão, fugirá como um gato assustado ou agarrará a vida pela juba?

Os perseguidores de leão agarram a vida pela juba.

Benaia foi em frente para ter uma brilhante carreira militar. Na verdade, ele escalou toda a cadeia de comando até se tornar o comandante-em-chefe do exército israelita, mas tudo começou com o que muitos considerariam como estar no lugar errado na hora errada. A genealogia do sucesso dele pode ser traçada até o encontro de vida e morte em que um homem abate um leão. Era lutar ou fugir. Benaia foi confrontado com uma escolha que determinaria seu destino: fugir ou caçar.

Nada mudou muito nos últimos 3 mil anos.

Duvido seriamente que alguém que leia este livro já tenha se encontrado em uma cova com um leão em um dia de neve. Nenhum de nós passa a noite acordado pensando no que faria num encontro com um leão. Em um sentido estritamente literal, você consegue imaginar um tópico mais irrelevante para um livro? No sentido figurativo, entretanto, não posso imaginar nada mais pertinente.

Na tenho a pretensão de conhecer as circunstâncias únicas de sua vida, mas adivinho que você já se encontrou com alguns leões, caiu em algumas covas e já foi exposto a alguns dias de neve. Talvez seja algum sonho do tamanho de Deus, os que o Senhor preparou para você, que o espanta em plena luz do dia. Talvez um mau hábito ou uma má decisão o deixou no fundo de uma cova. Ou talvez uma nuvem de dúvida em relação a você mesmo lançou sombra sobre seu futuro.

Pense em *Na cova com um leão em um dia de neve* como um guia de sobrevivência para perseguidores de leão. Enquanto calça as sandálias de Benaia e desembainha a espada desse guerreiro, você aprende *sete habilidades* que o ajudarão a escalar covas escorregadias e perseguir os maiores leões.

Algumas dessas habilidades são naturais a certos tipos de personalidade. Se você for otimista por natureza, conseguirá *superar a adversidade* com mais facilidade. Se você tende ao pessimismo, isso exigirá mais empenho e intencionalidade.

Algumas habilidades parecem tão antinaturais como escrever com a mão que não se tem predomínio, aquela que você nunca escolhe para fazer qualquer tipo de atividade que requeira o uso de uma só mão, ou fazer rapel em uma rocha íngreme pela primeira vez. *Desaprender os medos* e *abraçar as incertezas* é algo que requer uma abordagem contraintuitiva para enfrentar a vida, mas a coragem de nadar contra a corrente, como Benaia, ajudará você a chegar aonde Deus quer que você chegue.

Algumas habilidades, como *calcular os riscos* ou *avaliar as oportunidades*, têm de ser desenvolvidas e se tornar habituais. Quase como as habilidades atléticas inatas ou a aptidão musical, a prática traz a perfeição. Quanto mais riscos você assume, mais fácil isso se torna. Avaliar as oportunidades torna-se sua segunda natureza. *Desafiar o desconhecido* e *parecer louco* torna-se ambiente-padrão.

Não sei onde você se situa geográfica ou demograficamente. Não tenho certeza de quais são suas características emocionais, físicas, relacionais e espirituais, mas essas habilidades o ajudarão a chegar aonde Deus quer que você chegue — não importa em que ponto você inicia. Os princípios deste livro não são apenas uma transcrição da Escritura. Eles podem reescrever a história da sua vida. Tudo que você tem de fazer é virar a página e começar um novo capítulo.

Revisão do capítulo 1

Pontos a lembrar

- Deus participa diretamente da tarefa de nos posicionar estrategicamente no lugar certo na hora certa, mas o lugar certo, muitas vezes, parece ser o lugar *errado*, e o momento certo, com frequência, o momento *errado*.
- Bondade não é ausência da maldade. Você pode não fazer nada de errado e, assim mesmo, não fazer nada de certo. Aqueles que apenas fogem do pecado são meio cristãos. Nosso chamado é muito mais alto que apenas fugir do que é errado. Somos chamados a perseguir leões — a procurar por oportunidades em nossos problemas e obstáculos e a assumir riscos para alcançar o melhor para Deus.
- Quando não temos a coragem de um pulo de fé e perseguir leões, então Deus é roubado da glória que pertence a ele por direito.
- Maturidade espiritual é ver e agarrar as oportunidades ordenadas por Deus.

Inicie sua caçada

Baseado no que leu até agora, quais são as habilidades em perseguir leões mais difíceis para você dominar?

Desafiar o desconhecido?
Enfrentar os medos?
Recompor os problemas?
Abraçar a incerteza?
Assumir riscos?
Avaliar as oportunidades?
Parecer louco?

CAPÍTULO 2

A possibilidade da impossibilidade

*Quão mais feliz você seria,
Quão mais de você haveria
Se o martelo de um Deus mais elevado
Pudesse esmagar seu pequeno cosmo.*

G. K. CHESTERTON

Não sei que limite os agenciadores de apostas de Jerusalém estabeleceriam para os três incidentes registrados em 2Samuel 23, mas sei isto: Benaia *não* era o favorito.

Benaia tinha de ser o azarão, pagando dois para um, quando lutou com dois dos mais poderosos guerreiros de Moabe. Essa não foi uma luta de equipe. Benaia tinha de trabalhar por dois.

Aposto que o gigante egípcio[1] era, pelo menos, o franco favorito, pagando dez para um. Para começo de conversa, Benaia tinha um cajado, e o egípcio tinha uma lança do tamanho de um bastão de tecelão. Se eu tivesse de apostar em um cajado ou em uma lança, apostaria meu dinheiro em uma lança pontuda e afiada! Contudo, a vantagem da arma é apenas uma parte da disparidade. De acordo com a Escritura, o egípcio tinha 2,25 metros de altura. No mundo do boxe, a medição dos adversários antes da luta é um fator importante na determinação do favorito. O lutador com longo alcance tem vantagem

---

[1] A descrição do egípcio encontra-se em 1Crônicas 11.23.

sobre o boxeador menor. Aposto que o egípcio, em vista de sua altura, tinha uma vantagem de 45 a 61 centímetros de alcance. Some-se a vantagem da arma à vantagem do tamanho dele, e temos a disparidade do tamanho de Davi contra Golias. Quero rever o instante em que Benaia arrancou a lança da mão do egípcio. Como ele conseguiu até mesmo chegar perto o bastante para agarrar a arma?

Depois, tem o encontro épico com um leão numa cova em um dia de neve. A Escritura silencia se Benaia tinha ou não uma arma, mas, mesmo que ele tivesse, não seria um rifle de caça. Esse foi um combate mão contra pata. E Benaia tem, mais uma vez, uma importante desvantagem física pela frente. Um leão adulto pesa centenas de quilos mais, corre muitos quilômetros mais rápido por hora e pula muito mais longe que qualquer homem. A mandíbula do leão é forte o bastante para perfurar os ossos da cabeça, e os caninos são usados para rasgar o couro dos animais. E, considerando o fato de que os leões caçam tudo, de antílopes a girafas, Benaia é uma presa pequena; apenas um aperitivo antes do prato principal. Contudo, junto às desvantagens físicas, ainda temos o fator topográfico e o meteorológico. Definitivamente, tudo isso daria ao leão a vantagem de jogar em casa. Uma cova é domínio do leão. A visão do leão é cinco vezes mais aguçada que a de um homem com visão normal, o que lhe dá uma vantagem relevante em uma cova pouco iluminada. E, sem dúvida, a pata do leão, seguro e com reflexos felinos, é superior em um terreno escorregadio e com neve. Acrescente tudo isso e Benaia tem de ser o azarão pagando cem para um.

Contudo, Benaia fez o que os perseguidores de leão fazem. Ele desafiou as probabilidades. Ele não arrumou desculpas. Ele não tentava evitar situações em que as probabilidades estavam contra ele. Os perseguidores de leão sabem que Deus é maior e mais poderoso que qualquer problema que possam enfrentar neste mundo. Eles têm sucesso nas situações mais difíceis porque sabem que as probabilidades impossíveis preparam o palco para os milagres mais incríveis. É assim que Deus revela sua glória — a forma como ele o abençoa de maneira que você jamais imaginaria.

Probabilidades impossíveis

Há um padrão que vejo repetido ao longo da Escritura: Deus, às vezes, só intervém quando alguma coisa é humanamente impossível. E ele, em geral, faz isso exatamente no momento crítico. Acho que esse padrão revela uma dimensão da personalidade de Deus: ele ama probabilidades impossíveis. E posso aceitar isso.

Uma das coisas mais divertidas do mundo é conseguir fazer algo que os outros acham que você não conseguiria. Quando criança eu transformava tudo em um desafio. Não me importava se estávamos passeando de carro, dando um passeio de bicicleta ou comendo o jantar. *Você acha que consigo segurar a respiração enquanto passamos pelo túnel? Você acha que consigo dar um cavalo-de-pau com a bicicleta no fim do quarteirão? Você acha que consigo tomar um sorvete enorme com cobertura em trinta segundos?*

Se alguém respondesse 'sim' nem me importava em tentar fazer a coisa. Qual a vantagem de fazer algo que alguém acha que sou capaz de fazer? Aumentava a aposta ou o risco até ninguém achar que fosse possível fazer aquilo. Então, eu tentaria fazer o impossível. Existe alguma coisa melhor que fazer o que todos acham que não é possível fazer?

Talvez seja por isso que Deus nos chama a desafiar as probabilidades impossíveis. Talvez essa seja uma forma de ele nos mostrar sua onipotência. Talvez Deus permita que as probabilidades contra nós se amontoem para que ele possa revelar mais de sua glória.

Acho que isso explica a estratégia militar contraintuitiva de Juízes 6. O exército de Gideão de 32 mil homens é largamente superado em número pelo dos midianitas. Eles já estão vencidos quando o Senhor dá uma ordem que contraria a intuição: "Você tem gente demais, para eu entregar Midiã nas suas mãos" (Juízes 7.2.).

O quê? Se eu fosse Gideão acharia que Deus se enganou: *O Senhor disse "gente demais", mas acho que, na verdade, o Senhor quis dizer "gente de menos".*

Entretanto, Deus manda Gideão dispensar todos que estivessem com medo, e Gideão perde 22 mil homens do seu exército. Agora ele está reduzido a 10 mil homens e aumentou o ponto de ajuste das apostas.

O Senhor diz de novo: "Ainda há gente demais" (Juízes 7.4).

Gideão quer que Deus chame um destacamento, mas Deus planeja um teste para liberar ainda mais soldados de infantaria. O exército de Gideão vai até a beira do rio para beber água, e Deus diz a Gideão para separar os homens que beberem água como cachorro. Gideão fica com um "exército" de 300 homens.

A essa altura, as probabilidades devem estar de 1 milhão para 1, mas a coisa ainda fica melhor! Deus diz a Gideão para atacar com trombetas e jarros. *O Senhor deve estar brincando comigo*! Que tipo de plano de batalha é esse?

E eis a surpresa: *Israel vence!*

Então, por que Deus age dessa maneira?

> Você tem gente demais, para eu entregar Midiã nas suas mãos. A fim de que Israel não se orgulhe contra mim, dizendo que a sua própria força o libertou. (Juízes 7.2)

Tenho certeza de que se Gideão atacasse com 32 mil homens e vencesse, os israelitas agradeceriam a Deus por *dar uma mãozinha* a eles, mas o Senhor quer e merece todo o crédito da vitória. E quando 300 homens derrotam um exército enorme com trombetas e jarros, Deus angaria toda a glória. Por quê? Porque uma vitória como essa desafia todas as probabilidades.

Sei, com plena certeza, o seguinte: Benaia sabia a quem louvar depois de derrotar os moabitas. Ele deu todo o palanque a Deus depois de derrotar o gigante egípcio. E ele também deve ter renascido naquela cova com neve depois de matar o leão.

Nossas orações, com frequência demais, giram em torno de pedir a Deus para diminuir as dificuldades da nossa vida. Talvez nossas situações impossíveis sejam oportunidades para vivenciar uma nova dimensão da glória de Deus.

DEUS QUADRIDIMENSIONAL

Eis um erro que a maioria de nós comete em relação a Deus: pensamos nele em termos quadridimensionais; mas Deus é onidimensional.

Há poucos anos, fui à Casa Branca para um *tour* pelos jardins e jamais esquecerei uma mulher por quem passei, que parecia totalmente arrasada. Eu acabara de passar pela segurança para entrar na Casa Branca, e ela estava saindo de lá. Havia um grande grupo de adolescente que a seguia. Pela sua cara, podia se dizer que ela era a guia do grupo. Por algum motivo, quando passamos um do lado do outro, ela me disse: "É impossível seguir o rastro de 79 meninas".

Sabia o que ela queria dizer. Eu mal conseguia seguir o rastro dos nossos três filhos em uma lanchonete.

E, a seguir, pensei em Deus.

Como o senhor segue o rastro de 6 bilhões de pessoas ao mesmo tempo? Como processa milhões de pedidos simultâneos apresentados em orações — em especial, os dos fãs de diferentes times de futebol na decisão do Brasileirão ou dos eleitores de partidos políticos opostos em dia de eleição?

Tenho certeza de uma coisa: o senhor não faz isso em quatro dimensões.

Estou limitado às três dimensões espaciais, o que simplesmente quer dizer que só posso estar em um lugar de cada vez. E estou limitado a uma dimensão espacial, o que significa que estou preso em um momento e não posso sair dele. Não posso viajar para o passado nem para o futuro, pois o tempo, em uma dimensão, é linear. Não obstante, Deus está em todos os lugares o tempo todo.

Era a terra sem forma e vazia; trevas cobriam a face do abismo, e o Espírito de Deus se movia sobre a face das águas. (Gênesis 1.2)

No princípio, o Espírito de Deus se movia sobre o caos. E nada mudou. Deus ainda se move sobre o caos. A história da criação é um microcosmo do que Deus quer fazer em sua vida. Ele se move sobre as situações caóticas pronto a criar ordem e beleza. Ele quer preencher o vazio.

Na frase "sobre a face das águas" o termo *sobre* vem da palavra hebraica bidimensional *paniym*. Em relação ao tempo, *paniym* pode se referir à fração de segundo antes que algo aconteça e à fração de segundo depois que algo aconteça. Em relação ao espaço, ela pode se referir ao espaço exatamente diante ou atrás de você.

Nas palavras do salmista:

Tu me cercas, por trás e pela frente. (Salmos 139.5)

É quase como se Deus formasse um parêntese no tempo e no espaço a nossa volta. Ele se move o tempo todo por todos os lugares a sua volta.

Deixe-me tentar pôr em termos científicos. A menor fração de tempo é 10^{-43} segundos. Ela é chamada tempo de Planck. Nada menor, e a mecânica quântica não pode dizer se os eventos são simultâneos. A menor distância possível é $1,6 \times 10^{-35}$ metros. Ela é chamada de distância de Planck. Nada menor, e a mecânica quântica não pode distinguir entre aqui e lá.

E é aqui que Deus entra. Ele está no tempo e no espaço que, de acordo com a mecânica quântica, não existe.

Para o ser humano, finito, o tempo e o espaço parecem finitos, mas isso acontece porque olhamos de dentro para fora. Deus olha de fora para dentro. O tempo e o espaço são uma parte finita da criação dele. Por isso, "um dia é como mil anos, e mil anos como um dia" (2Pedro 3.8). Deus está o tempo todo em todos os lugares a nossa volta. Ele está exatamente antes, depois, à frente e atrás. Deus não tem limitações temporais, e, se conseguirmos assentar essa verdade em nossa mente, isso transformaria nossa perspectiva da vida.

Os matemáticos referem-se a cada dimensão espaço-tempo como "um grau de liberdade". Em termos muito simplistas, uma dimensão é um modo de você se mover. E o número de dimensões determina o que é possível e o que não é. Quanto mais dimensões você tiver, mais liberdade tem. Você pode pular sobre um muro quadridimensional em um espaço pentadimensional ou desembaraçar um nó septuodimensal em um espaço octodimensional. Acrescente uma dimensão de tempo ou espaço, e um universo de possibilidades abre-se para você.

Pense em termos das histórias em quadrinhos de jornais. Em um sentido, as personagens da tirinha cômica são prisioneiras de duas dimensões. Elas podem se mover no sentido horizontal e vertical, mas não podem escapar da superfície bidimensional do papel. Elas estão presas naqueles quadradinhos cômicos, mas imagine se uma personagem de história em quadrinhos pudesse assumir a terceira dimensão.

O grau de liberdade acrescido com isso permitiria que elas pulassem fora da página do jornal.

Não é o que a fé faz? Talvez subestimemos nossa liberdade em Cristo. Talvez não seja apenas libertação do pecado. Talvez seja a liberdade de fazer o extradimensional.

A fé nos concede a liberdade dimensional de superar nossas limitações humanas, deixando a limitação espaço-tempo via oração.

A alta percepção de Deus

De acordo com A. W. Tozer, a coisa mais importante a seu respeito é o que lhe vem à mente quando pensa em Deus.

> ... o fato mais prodigioso a respeito de qualquer homem não é o que faz ou diz em determinado momento, mas como ele concebe Deus no mais íntimo de seu coração...
>
> Se conseguirmos extrair de algum homem uma resposta completa para esta pergunta: "O que lhe vem à mente quando pensa em Deus?"; podemos predizer, com certeza, o futuro espiritual desse homem.[2]

O que você pensa a respeito de Deus determina quem você se tornará. Você não é apenas um subproduto da "natureza" e da "educação". Você é um subproduto de sua imagem de Deus. E essa imagem interior de Deus determina como você vê tudo o mais.

A maioria dos nossos problemas não é circunstancial. A maioria é percepcional. Nossos maiores problemas podem ser rastreados até a compreensão inadequada de quem Deus é. Eles parecem realmente grandes, porque nosso Deus realmente parece pequeno. Na verdade, reduzimos Deus ao tamanho de nossos maiores problemas.

---

[2] TOZER, A. W. *The Knowledge of the Holy*. São Francisco: HarperSanFrancisco, 1978, p. 1.

Tozer diz que a "baixa percepção de Deus [...] é o motivo de uma centena de maus menores". Entretanto, a pessoa com uma alta percepção de Deus "liberta-se de milhares de problemas temporais".[3]

A baixa ou a alta percepção de Deus, isso é o que diferencia os assustadiços dos perseguidores de leão. Os assustadiços estão cheios de medo porque o Deus deles é muito pequeno. Os perseguidores de leão sabem que seu melhor pensamento sobre Deus em seu melhor dia fica muitíssimo aquém de quão grande Deus realmente é.

> "Pois os meus pensamentos não são os pensamentos de vocês, nem os seus caminhos são os meus caminhos", declara o SENHOR. "Assim como os céus são mais altos do que a terra, também os meus caminhos são mais altos do que os seus caminhos, e os meus pensamentos, mais altos do que os seus pensamentos." (Isaías 55.8)

Os astrônomos espiam galáxias a 12,3 bilhões de anos-luz distantes da terra. Para pôr essa distância em perspectiva, considere o fato de que a luz, viajando a 299.792,4 metros por segundo, precisa de apenas oito minutos para viajar os 149,6 milhões de quilômetros entre o sol e o planeta terra. A luz solar tem apenas oito minutos de idade, mas a luz das galáxias mais distantes leva 12,3 bilhões de anos para chegar aqui. Essa distância é totalmente incompreensível! E Deus diz que essa é mais ou menos a distância entre os pensamentos dele e os nossos. Seu melhor pensamento a respeito de Deus em seu melhor dia fica 12,3 bilhões de anos-luz aquém de quão grande e quão bom Deus realmente é. Subestimamos a bondade e a grandiosidade de Deus em, pelo menos, 12,3 bilhões de anos-luz.

Você sabe qual é a maior tragédia da vida? É alguém cujo deus torna-se a cada dia menor.

---

[3] Idem, ibidem, p. 7.

Talvez seja tempo de parar de pôr limites quadridimensionais em Deus. Talvez seja tempo de parar de pôr Deus em caixa do tamanho do nosso córtex cerebral. Talvez seja tempo de parar de criar Deus a nossa imagem, e de deixar que ele nos crie à imagem dele.

Quanto mais crescemos, maior Deus fica. E, quanto maior Deus fica, menores se tornam nossos leões.

Planos contingentes

Deus tinha-nos em mente muito antes de estabelecer a fundação da terra. Há muito, muito tempo atrás, ele decidira adotar-nos em sua família. Ele pensou e providenciou tudo que pudéssemos precisar.

Tradução: Deus planejou cada contingência que você pudesse encontrar ou não antes do início dos tempos.

Essa é uma das verdades mais espantosas da Escritura. A mente finita não consegue compreender a soberania de Deus, mas deixe-me pôr em termos de xadrez (Efésios 1.11).

Em 1997, a equipe de engenheiros da IBM planejou e desenvolveu o computador Deep Blue (azul profundo) que jogava xadrez melhor que o grande mestre Garry Kasparov. O Deep Blue foi equipado com 32 mecanismos de processamento que calculavam 200 milhões de movimentos de xadrez por segundo.

Não sei a seu respeito, mas tenho dificuldade com coisas com duas opções. Verdadeiro ou falso. Direito ou esquerdo. Chocolate ou baunilha. Não posso nem mesmo imaginar contemplar 200 milhões de possibilidades no espaço de um segundo. Entretanto, 200 milhões de contingências são ridículas se comparadas com o Onisciente que levou todas as contingências em consideração antes mesmo de um nanossegundo, antes mesmo que o relógio do tempo fosse posto em marcha.

Pense em sua vida como um jogo de xadrez. Você é o peão, e Deus, o grande mestre. Você não tem ideia de qual será seu próximo movimento, mas Deus já tem 200 milhões de movimentos planejados. Alguns dos movimentos dele não farão sentido, mas apenas porque não conseguimos computar 200 milhões de contingências de uma vez! Temos apenas de confiar no grande Mestre.

Quando aconselho alguém que está com dificuldade em discernir a vontade de Deus, lembro-o desta simples verdade: Deus quer que você chegue aonde ele quer que chegue mais do que você quer chegar aonde Deus quer que você chegue. Leia de novo se precisar. Isso deve aliviar sua tensão. Se você mantiver o compasso com o Espírito, Deus a se certificará de que você chegue aonde ele quer que chegue. Ele sempre opera nos bastidores, construindo nossas circunstâncias e preparando-nos para ser bem-sucedidos.

> Somos criação de Deus realizada em Cristo Jesus para fazermos boas obras, as quais Deus preparou antes para nós as praticarmos. (Efésios 2.10)

A palavra *preparou* vem do costume antigo de enviar servos à frente do rei a fim de lhe garantir uma passagem segura. Mas Deus virou a mesa. O Rei dos reis vai à frente de seus servos e prepara para *nós* o caminho que temos pela frente.

Bem, aqui está a pegadinha: o itinerário dele, às vezes, implica ficar face a face com um leão em uma cova em um dia de neve. Todavia, você, ao se deparar com essas circunstâncias desafiadoras, precisa saber que Deus está comandando seus passos. Você pode ter um senso de destino porque sabe que Deus cogitou todas as contingências de sua vida, e ele sempre tem seu destino bem no coração. E esse senso de destino, enraizado na soberania de Deus, ajuda-o a orar pelo impensável e a tentar o impossível.

Para o infinito todos os finitos são iguais

O livro de Segundo Reis, capítulo 6, registra a oração que pode ser a mais ridícula da Escritura. Um grupo de profetas estava cortando árvores perto de um rio, e a cabeça de ferro de um dos machados caiu no rio. O profeta que perdeu a cabeça do machado disse para Eliseu: "Ah, meu senhor, era emprestado!" (2Reis 6.5).

Preste atenção no tempo verbal. Esse aprendiz usa o tempo passado. Até onde lhe diz respeito, aquela cabeça de machado era muito boa, mas já era. Isso me lembra um dos *Deep Thoughts* [Pensamentos profundos] de Jack Handey: *se você deixa suas chaves caírem em um rio de lava derretida, deixe para lá, homem, porque elas já eram*!

Se você deixar cair a cabeça de ferro do machado em um rio, deixe para lá, homem, pois ela já era!

Esse aprendiz via sua perda como algo sem volta. Ele não tinha nenhuma expectativa de que a cabeça do machado pudesse ser recuperada. Acho que ele queria um pouco de misericórdia ou um pouco de empatia, mas não esperava um milagre. Ele não tinha nem mesmo uma classificação para o que estava para acontecer, e há um motivo para isso. Nenhum mineral com uma densidade maior que um grama por centímetro cúbico pode flutuar. A densidade do ferro fundido é de aproximadamente 7,2 gramas por centímetro cúbico.

Tradução: a cabeça de ferro do machado não flutua.

Ou flutua?

Há apenas uma forma de descobrir: faça uma oração ridícula!

Bem, eis o que amo nessa história. Se fosse Eliseu, eu me sentiria mal pelo camarada que perdeu a cabeça do machado emprestado. Talvez emprestasse o meu para ele. Talvez o levasse à loja de ferragem para comprar um novo, mas jamais me passaria pela cabeça orar que a cabeça de ferro flutuasse. Entretanto, você pode sentir que as engrenagens estão girando na mente de Eliseu, pois ele pergunta onde caiu a cabeça do machado. Se eu fosse o aprendiz, pensaria: *Que diferença faz isso?* Mas ele mostra para Eliseu onde perdeu a cabeça do machado. Eliseu corta um galho e joga-o na água; e daí acontece algo que provavelmente nunca aconteceu antes nem depois dessa vez.

... fazendo o ferro flutuar. (cf. 2Reis 6.6)

Esse é um de meus milagres favoritos da Escritura por duas razões. Primeiro, não é uma situação de vida ou morte. Isso mesmo: é a cabeça de um machado emprestado. É verdade, ele a perdeu. Mas, se isso for a pior coisa que já lhe aconteceu, você leva uma vida bem protegida. Você sabe o que quero dizer? É uma *cabeça de machado*. Talvez isso soe meio estranho, mas não lhe parece que seria melhor guardar um milagre incrível como esse para uma tragédia um pouco maior? Eu colocaria esse milagre na mesma categoria do milagre de Jesus ao transformar água em vinho em uma festa de casamento. Por que desperdiçar seu primeiro milagre para ajudar uma noiva e um noivo a salvar a pele só porque não estocaram vinho suficiente para a recepção? Contudo, acho que isso revela algo sobre Deus. Ele se importa com as pequenas coisas, como uma festa de casamento e um machado emprestado. Deus não é grande apenas porque nada é grande demais para ele. Deus é grande justamente porque nada é pequeno demais para ele.

A outra razão pela qual amo esse milagre é o fato de ser um pedido tão ridículo. Eliseu deve ter achado divertido até mesmo verbalizar esta oração:

> Querido Deus, sei que a cabeça de ferro do machado tem uma densidade de 7,2 gramas por centímetro cúbico. Sei que temperatura

corporal de algo não líquido tem a viscosidade mais baixa que a da água. Mas o Senhor consideraria desafiar as leis da física e fazer o que nunca foi feito antes? Por favor, faça que a cabeça de ferro desse machado flutue.

Esses tipos de milagres nos ajudam a redefinir a realidade. E a realidade é que nada é muito difícil para Deus.

Grau de dificuldade

Temos a tendência de classificar os milagres. Nós, quase como um juiz de competição de ginástica que classifica a sequência de exercícios com base no grau de dificuldade, classificamos nossos pedidos de orações. Temos pedidos *grandes* e *pequenos*. Temos pedidos *fáceis* e *difíceis*. Mas essa é uma imagem falsa. A verdade é esta: *para o infinito todos os finitos são iguais*. Não existe grande nem pequeno, fácil nem difícil, possível nem impossível. No que se refere a Deus, não há graus de dificuldade. Não há probabilidades no que diz respeito a Deus. Todas as apostas são canceladas.

Quais eram as probabilidades de Jesus alimentar 5 mil pessoas com cinco pães e dois peixes? Digamos apenas que cada pão ou peixe equivale a uma refeição. Então, aposto que as probabilidades eram aproximadamente de 5 mil para 7. Para os discípulos parecia que era um problema insolúvel: "Duzentos denários não comprariam pão suficiente para que cada um recebesse um pedaço!" (João 6.7).

Dá até para imaginar os discípulos tentando digerir os números, mas de qualquer jeito que você fatiasse o pão e o peixe ainda ficaria com 4.993 refeições a menos. Basta somar 5 + 2 = 7.

> Então Jesus tomou os pães, deu graças e os repartiu entre os que estavam assentados, tanto quanto queriam; e fez o mesmo com os peixes. Depois que todos receberam o suficiente para comer, disse

aos seus discípulos: "Ajuntem os pedaços que sobraram. Que nada seja desperdiçado". Então eles os ajuntaram e encheram doze cestos com os pedaços dos cinco pães de cevada deixados por aqueles que tinham comido. (João 6.11-13)

Na economia de Deus 5 + 2 = 5 mil com um excedente de 12.

Namil verdade, eles terminaram com mais do que tinham antes de 5 pessoas. E Deus é glorificado porque desafiou as probabilidades impossíveis.

Honestamente, não importa quantos moabitas você enfrenta. Não importa quão alto seja o gigante egípcio. E o tamanho do leão realmente não é o foco da questão.

A questão é: *quão grande é seu Deus?*

Orações ridículas

Por sabermos o resultado da perseguição ao leão, deixamos de avaliar como ela pareceu para a média dos espectadores. E se Benaia tivesse sido morto pelo leão? Vamos direto ao ponto: ele pareceria totalmente ridículo. Dá até para ouvir as pessoas sussurrando no enterro: *O que Benaia tinha em mente?* Mas os perseguidores de leão não têm medo de fazer as cosias que pareçam ridículas para os outros — porque eles sabem que *nada* é impossível para Deus. Um pedido nunca pode ser tão ridículo quando você o faz àquele que não conhece limites.

Quando a ideia para a implementação da National Community Church [Igreja Comunidade Nacional] estava prestes a se concretizar, começamos a fazer uma oração ridícula. Oramos a Deus que nos concedesse um pedaço da propriedade a meio quarteirão da Union Station [Estação Central]. Na época, era uma propriedade feia, coberta de grafite. Na verdade, a propriedade em sua época áurea foi usada como local de venda de craque. Mas eu conseguia visionar uma casa de café de primeira classe e em pleno funcionamento naquela esquina. Assim, começamos a orar. Eu orava andando pela propriedade. Nós impusemos as mãos sobre o prédio. E eu orava por isso toda vez que passava pela propriedade.

Era uma oração ridícula por inúmeros motivos. Primeiro, não podíamos arcar com o custo dela. O preço original pedido foi de 1 milhão de dólares, e, há oito anos, não tínhamos frequência nem doação para financiar esse tipo de sonho. Segundo, igrejas constroem igrejas. Não é típico elas construírem casas de café. E mais, não tínhamos nenhuma experiência no negócio de casa de café. E, por fim, os proprietários estavam cortejando a Starbucks. Definitivamente, as probabilidades contra nós eram enormes.

Ainda me lembro de meu primeiro telefonema para os proprietários do prédio. Senti-me tolo até mesmo por telefonar para eles. Senti-me constrangido. Fiquei nervoso. Senti-me jovem. Não fazia ideia do que dizer. Realmente, não tinha lógica nenhuma em eu perseguir a propriedade, mas ousamos ter um sonho do tamanho de Deus. E, após seis anos fazendo uma oração ridícula, compramos o lote 109 na quadra 754 do distrito de Columbia. Todo o processo foi tão cheio de intervenção divina que demos o nome de Ebenézer (1Samuel 7.6-12) à casa de café, cujo sentido é "até aqui o S{\scriptsize ENHOR} nos ajudou". Hoje, aquela oração ridícula é a maior casa de café de Washington D.C. Também é uma das mais agradáveis e está sempre cheia. A localização é muito boa, fica perto da Union Station, em frente ao prédio do poder judiciário federal, em diagonal ao Station Place, o maior prédio de escritórios de Washington D.C.; fica na divisa noroeste do distrito histórico de Capitol Hill.

Bem, aqui está a coisa incrível. Logo depois de comprar a propriedade, quatro vizinhos diferentes me disseram que tinham oferecido mais que nós por ela. Não sou corretor de imóveis nem filho de um, mas o certo não é se vender pelo preço mais alto? A única explicação que tenho é o favor de Deus. Ele estava com a mão sobre a propriedade e não permitiria que outra pessoa a comprasse.

> Tudo o que vocês ligarem na terra terá sido ligado no céu, e tudo o que você desligarem na terra terá sido desligado no céu. (Mateus 18.18)

Subestimamos quanta autoridade espiritual temos quando oramos de acordo com a vontade de Deus. A palavra *ligar* quer dizer "proibir ou prender com algemas". Quando exercemos nossa autoridade espiritual na oração, ao impor nossa mão sobre a propriedade, foi como se nossas orações pusessem uma cerca espiritual em torno do 201 F Street, NE. E Deus proibiu que alguém a comprasse por mais de duas décadas.

Na verdade, não muito depois de a casa de café abrir, encontrei um vizinho que me disse: "Se não fosse por mim, vocês não teriam uma casa de café". Ele explicou que vivia na vizinhança há mais de vinte e cinco anos. E na década de 1980, quando os antigos donos da nossa propriedade entraram com um pedido de permissão para a demolição do prédio, esse vizinho os deteve. Ele foi à sociedade de preservação histórica e conseguiu que tombassem o prédio como patrimônio histórico. E, se ele não tivesse feito isso, alguma cadeia de lanchonete ou de lavanderia a seco teria se apossado do prédio antes mesmo que tivéssemos mudado para a vizinhança. Deus, muito antes até mesmo que o sonho de construir uma casa de café fosse concebido, tinha um contrato sobre aquela propriedade.

O LIVRO COMO MEMORIAL

Talvez você pense: *Se Deus é mesmo grande o bastante para fazer absolutamente qualquer coisa, por que ele responderia a minha oração? Por que ele faria algo milagroso por meu intermédio?* Bem, indo direto ao ponto, Deus é maior que o grande mestre, mais que um viajante no tempo, mais que um monte de teorias científicas. Ele é nosso *Pai*.

Às vezes, observo meus filhos sem que percebam que os estou observando. Amo vê-los brincar quando estão por perto. Amo andar pelas classes da escola deles e espiá-los em seu ambiente natural. E amo entrar no quarto deles à noite, quando dormem profundamente, e vê-los. Às vezes, observo-os porque tenho orgulho deles. Às vezes, porque sei que farão o que disse para *não* fazerem. Posso me enxergar nos meus filhos.

Nosso Pai celestial, como um pai amoroso, ama espiar seus filhos. Na verdade, Deus não espia apenas; ele faz um álbum de recortes. A Escritura chama esse álbum de "livro como memorial" (Malaquias 3.16. Deus registra absolutamente todos os atos de justiça (Isaías 64.6). Isso inclui as coisas secretas que ninguém vê e as pequenas que ninguém percebe. Nada que você faz ficará sem recompensa. E Deus não registra apenas todos os atos de justiça; ele se regozija com você da mesma forma que os pais se regozijam com seus filhos.

Por favor, não negligencie nem descarte esta verdade: Deus é um Pai orgulhoso. Você é a "menina dos olhos dele" (Zacarias 2.8). E nosso Pai celestial celebra cada realização nossa. Mas acho que nada traz mais alegria a Deus que quando um de seus filhos desafia as probabilidades.

Um de meus momentos mais memoráveis como pai aconteceu na primeira temporada de meu filho Parker em uma pequena liga de basquete. O time dele não ganhou uma única partida durante toda a temporada.

E perdemos esse jogo específico por 40 a 5. Infelizmente, isso não é um erro de impressão. Entretanto, houve raio de esperança. Um dos cinco pontos foi marcado por meu filho. E isso não foi um milagre.

Desde o início da temporada, eu praticara lances livres com Parker, e ele nunca, repito, *nunca* acertou nenhum. Ele simplesmente ainda não era forte o bastante para atirar uma bola calibrada com 0,42 m^3 dentro do aro de 3 metros de altura. Em dois meses de prática, meu filho acertou apenas duas vezes. E 98% dos lances não bateram nem na tabela.

Assim, Parker, todo suado, foi para a linha de lance livre. E, para ser totalmente honesto, senti-me mal, pois sabia que meu filho tinha 98% de chance de errar. Mas orei como se fosse o dia de Pentecoste! Gostaria de dizer que orei que Parker fizesse o lance livre, mas não tive tanta fé. Orei apenas que ele acertasse o aro. Não obstante, Parker aproximou-se da linha de lance livre e renovou minha fé no poder da oração. Parker desafiou as probabilidades e acertou o primeiro lance livre de sua breve e modesta carreira no basquete.

Eu chorei!

Não estou brincando! Derramei lágrimas de alegria. Tentei manter a compostura, pois parece tolo se alegrar com muito entusiasmo quando você está levando uma lavada do outro time. Mas tive um reavivamento pessoal. Foi um momento santo. Acho que fiquei mais entusiasmado com o primeiro lance livre do Parker que com todas as minhas jogadas na carreira de basquete na faculdade.

Por quê? Porque sou um pai normal. Nosso Pai celestial não é exceção. Na verdade, ele estabelece o padrão para que nós sigamos.

Acredite em mim, Deus estava muito mais entusiasmado com Benaia perseguindo e matando o leão que o próprio Benaia. Posso vê-lo cutucar um dos anjos e dizer: "Você viu o que o meu menino Benaia fez?".

Os perseguidores de leão desafiam as probabilidades — e deixam seu Pai orgulhoso.

Revisão do capítulo 2

Pontos a lembrar

- Os perseguidores de leão têm sucesso nas situações mais difíceis porque sabem que as probabilidades impossíveis preparam o palco para os milagres mais incríveis.
- O erro que a maioria de nós comete em relação a Deus é pensarmos que ele é quadridimensional, mas Deus não tem limites dimensionais.
- O que você pensa a respeito de Deus determina quem você se tornará.
- Deus sempre opera nos bastidores, construindo nossas circunstâncias e preparando-nos para ser bem-sucedidos.
- Quanto mais crescemos, maior Deus fica. E, quanto maior Deus fica, menores se tornam nossos leões.
- A realidade é que nada é muito difícil para Deus.

Inicie sua caçada

Quão grande é seu Deus? Ele é grande o bastante para fazer qualquer coisa ou há limites (em sua mente) para o que Deus pode fazer? O que você poderia fazer hoje para começar a viver com uma percepção maior e melhor de Deus?

CAPÍTULO 3

Desaprenda seus medos

*O preço de sua vitalidade é
a soma de seus medos*

DAVID WHYTE

Fazia parte, há cerca de um ano, de uma equipe da NCC - National Community Church [Igreja Comunidade Nacional] que fez uma viagem missionária à Etiópia. Ajudamos a implantar uma igreja na capital, Adis Adeba; e fomos até lá para servir a igreja em uma série de capacidades. Aquela semana foi repleta de experiências inesquecíveis. Construímos uma cabana de barro para uma avó etíope. Jogamos *Pato, Pato, Ganso* com as crianças de uma escola de primeiro grau. E tive a oportunidade de pregar para milhares de cristãos etíopes que adoram a Deus com uma intensidade espiritual que raramente vejo nos Estados Unidos.

Toda a equipe estava um pouco nervosa antes da viagem. O país passava por um período de inquietação política e, além disso, estávamos sujeitos a várias doenças do terceiro mundo. Assim, até mesmo beber e comer era algo com que tínhamos de ter cuidado. Por isso, todos nós estávamos ansiosos, mas um membro da equipe, Sarah, estava claramente com medo — sobretudo quando soube que acamparíamos no Parque Nacional Awash. De alguma maneira, mesmo o fato de saber que guardas armados ficariam de guarda durante a noite toda não a tranquilizou. Nem os crocodilos que vimos no rio nem os leões que ouvimos rugir enquanto estávamos em volta da fogueira do acampamento.

Mas como fiquei orgulhoso dela! Sarah enfrentou seu medo. Confiou em sua equipe. Ela acreditava genuinamente que Deus a havia chamado para fazer aquela viagem. E, ao superar seu medo, ela vivenciou algumas das lembranças mais notáveis. Sarah decidiu viver de uma forma digna de ser comentada:

> Havia um milhão de razões por que eu não devia ir. Não sou evangelista. Não tenho nenhum talento especial. Não tenho 3 mil dólares sobrando. Nunca estive a oeste do rio Mississippi, muito menos fora do hemisfério ocidental. Não sou uma pessoa presunçosa fisicamente. Não consigo sobreviver sem eletricidade e água encanada. Mas precisava de apenas uma razão para ir: eu havia sido chamada.

Em retrospectiva é difícil imaginar quantas lembranças ela teria perdido se tivesse dado vazão aos seus medos. Andamos pela região rural da Etiópia e nadamos em uma fonte natural que é aquecida por um vulcão. Você não faz essas coisas todos os dias. Visitamos uma vila tribal que parecia ter saído das páginas da National Geographic. Nenhum de nós esquecerá nossa epopeia em cima de um jipe superresistente. Com o sol africano queimando a pele, e a brisa batendo na face, vimos animais que nunca víramos no zoológico. Depois, paramos em um pequeno café que contemplava o rio Awash. Era o tipo de vista que exigia um momento de silêncio. Ao olhar por sobre aquele despenhadeiro de 60 metros, reto como uma muralha, pude sentir o Espírito de Deus dizendo ao meu espírito: "Veja o que eu fiz!". Esse foi um dos momentos mais espirituais da minha vida. Pude sentir, no sentido literal da palavra, Deus alegrando-se com o quanto nos deleitávamos com a criação dele.

Nunca esquecerei o momento em que, naquela noite, escrevi meu diário em minha barraca. (Tenho certeza de que os guardas ficaram curiosos em relação ao brilho colorido que emanava da minha barraca.) Lembro-me de escrever estas palavras: não acumule posses; acumule experiências!

A seguir, desliguei meu computador e comecei a agradecer a Deus por absolutamente tudo que acontecera naquele dia. Agradeci a ele pelos camelos, pelos babuínos e pelos javalis. Na verdade, citei todos os animais que vira. Agradeci a ele pela queda d'água e pelas montanhas. Agradeci até mesmo pelos pastores armados com AK-47 que queriam dinheiro pelas fotos que tiramos do rebanho deles. Revivi o dia inteiro em oração. Então, caí no sono. Uma forma nada má de terminar um dos dias mais inacreditáveis da minha vida.

Bem, este é o meu ponto: e se Sarah tivesse deixado que o medo a impedisse de participar dessa viagem? Pense quantas experiências maravilhosas ela teria perdido. Pense nas lembranças que seriam perdidas. Pense nas histórias que não seriam contadas.

Ainda: nenhuma das coisas que Sarah temia aconteceu. O avião não caiu. Ela não ficou doente. Não foi comida viva por nenhum animal selvagem. A única coisa ruim que lhe aconteceu foi ter sido atingida pelas fezes de um babuíno. Não estou brincando! Devia haver cerca de 50 babuínos de todos os tamanhos e formatos pendurados na área do nosso acampamento. Na verdade, estávamos acampando no camping *deles*. E um estava bem no alto de uma árvore e soltou uma bomba babuína. Não tenho certeza se ele estava mirando ou não, mas foi um tiro e tanto. Sei que isso é desagradável. É bastante repulsivo olhar o traseiro exposto de um babuíno. Mas que papo bom para quebrar o gelo em festas. *Ei, certa vez um babuíno fez cocô em cima de mim*. Quantas pessoas você conhece que podem dizer isso? Que história! Quando essas coisas acontecem, você sabe que está vivendo a vida em sua plenitude.

Assim, eis meu conselho: não deixe que os leões mentais o impeçam de vivenciar tudo o que Deus tem a lhe oferecer. As maiores conquistas de sua vida acontecem quando você supera seus medos. Os momentos definitivos se duplicam se considerados como as decisões mais assustadoras. Mas enfrente seus medos e comece o processo de desaprendê-los.

Desaprendendo

A mente, quase como o disco rígido do computador com vírus, tem arquivos infectados. Os medos irracionais e as concepções errôneas nos impedem de funcionar da maneira como fomos designados para fazer. E se esses medos e concepções errôneas não forem desinstalados, eles solapam tudo que fazemos.

Metade do aprendizado é aprender. A outra metade do aprendizado é desaprender. Infelizmente, desaprender é duas vezes mais difícil que aprender. É como perder sua saída na autoestrada. Você tem de continuar até a próxima saída e, depois, retornar. Cada quilômetro que você anda no caminho errado representa, na verdade, dois quilômetros errados. Desaprender é duas vezes mais difícil e, muitas vezes, leva o dobro de tempo que se leva para aprender. É mais difícil *tirar* antigas ideias da mente que *pôr* novas.

Esse foi o desafio que Jesus enfrentou, não é mesmo?

Se você estudar os ensinamentos de Cristo, perceberá que aprender não era o principal objetivo dele. Seu principal objetivo era desaprender. Ele estava invertendo a engenharia das mentes religiosas já programadas. E essas podem ser as mentes mais difíceis de mudar. Por isso, no sermão do monte, ele repete, vez após vez, duas frases:

> Vocês ouviram o que foi dito [...].
> Mas eu lhes digo [...].

O que Jesus estava fazendo e dizendo? Ele estava desinstalando os conceitos do Antigo Testamento e atualizando-os com as verdades do Novo Testamento.

> Vocês ouviram o que foi dito: "Olho por olho e dente por dente". Mas eu lhes digo: Não resistam ao perverso. Se alguém o ferir na face direita, ofereça-lhe também a outra. (Mateus 5.38,39)

> Vocês ouviram o que foi dito: "Não adulterarás". Mas eu lhes digo: Qualquer que olhar para uma mulher para desejá-la, já cometeu adultério com ela no seu coração. (Mateus 5.27,28)

> Vocês ouviram o que foi dito: "Ame o seu próximo e odeie o seu inimigo". Mas eu lhes digo: Amem os seus inimigos e orem por aqueles que os perseguem. (Mateus 5.43,44)

Metade do crescimento espiritual é aprender o que não sabemos. A outra metade é desaprender o que sabemos. E é o fracasso em desaprender os medos irracionais e os conceitos errôneos que nos impedem de nos tornar quem Deus quer que sejamos.

Em João 5, o paralítico é um grande exemplo da importância de desaprender. Ele era paralítico havia trinta e oito anos quando Jesus lhe perguntou se queria ficar bom. Mas o homem acreditava que havia apenas uma maneira de ser curado:

> Senhor, não tenho ninguém que me ajude a entrar no tanque quando a água é agitada. Enquanto estou tentando entrar, outro chega antes de mim. (João 5.7)

Aquele homem fez uma suposição que lhe custou 38 anos de sua vida! Ele tinha apenas uma categoria de cura. Ele presumiu, fundamentado em antigas superstições, que tinha de ser o primeiro a entrar no tanque de Betesda após a água ser agitada a fim de se curar. Ele, em um sentido, era prisioneiro por causa do que sabia. Não obstante, Jesus desinstalou aquela crença errônea com uma sentença: "Levante-se! Pegue a sua maca e ande" (João 5.8).

Bem, eis o que você precisa enxergar. Jesus não libertou esse homem apenas fisicamente; ele também o libertou cognitivamente. A fé é desaprender as preocupações sem sentido e as crenças errôneas que nos mantêm cativos. Isso é muito mais complexo que uma simples mudança de comportamento. A fé envolve sinaptogênese. A fé é reescrever o cérebro humano.

Do ponto de vista neurológico, isso é o que fazemos quando estudamos a Escritura. Estamos, literalmente, atualizando nossa mente ao copiar a mente de Cristo.

> Não se amoldem ao padrão deste mundo, mas transformem-se pela renovação da sua mente. (Romanos 12.2)

Da mesma forma que o disco rígido do computador precisa ser desfragmentado a fim de otimizar seu desempenho, a mente também precisa ser desfragmentada. Assim, como desfragmentamos nossa fé? Como renovamos nossa mente? Como tiramos a nós mesmos da cova em que nos pusemos? A forma de atualizar a mente é transferir a Escritura para ela.

Deixe-me pôr a instrução de Paulo no contexto neurológico.

Os drs. Avi Karni e Leslie Ungerleider, do National Institute of Mental Health [Instituto Nacional de Saúde Mental], fizeram um estudo fascinante em que pediam aos sujeitos para desempenhar tarefas motoras simples — um exercício de dedilhar. Enquanto os sujeitos batem os dedos, os médicos fazem uma IRM (imagem de ressonância magnética) a fim de identificar que parte do cérebro é ativada. A seguir, eles praticaram o exercício de dedilhar todos os dias durante quatro semanas. Ao final desse período de quatro semanas, o cérebro daquelas pessoas foi examinado de novo. Em todas as instâncias, o exame mostrou que a área do cérebro envolvida na tarefa foi expandida. Essa tarefa simples — o exercício de dedilhar — recrutou, literalmente, novas células nervosas e religou conexões neurológicas.

Nós, ao lermos a Escritura, recrutamos novas células nervosas e religamos conexões neurológicas. Em certo sentido, transferimos um novo sistema operacional para nossa mente, e esta é reconfigurada. Paramos de ter pensamentos humanos e começamos a ter os pensamentos de Deus.

> Seja a atitude de vocês a mesma de Cristo Jesus. (Filipenses 2.5)

Como cumprimos essa ordem?

> Habite ricamente em vocês a palavra de Cristo. (Colossenses 3.16)

Ao ler a Escritura, empreendemos o dedilhar espiritual. Nosso cérebro é reprogramado em alinhamento com a Palavra, e desenvolvemos a mente de Cristo. Temos os pensamentos dele.

Enfrente o medo

Desaprender requer mais que apenas reescrever nosso cérebro. Temos de usar nosso novo conhecimento para *enfrentar* nossos medos — e superá-los.

De acordo com livros de referência na área de psiquiatria, existem aproximadamente 2 mil medos classificados. Esses medos documentados cobrem todo o espectro — tudo, de fotofobia (medo de luz) a mixofobia (medo de qualquer substância viscosa). Existe até mesmo a fobofobia, medo de fobias.

O interessante é que os psiquiatras pressupõem que nascemos com apenas dois medos: o medo de cair e o de barulhos altos.

Isso quer dizer que todos os outros medos são aprendidos. E, o mais importante, isso quer dizer que se pode *desaprender* todos os outros medos.

Recentemente, nossa família fez uma pequena viagem de carro a Nashville, Tennessee, e um dos pontos altos da viagem foi ficar em hotéis com piscina. Nossos três filhos estavam animadíssimos, mas, quando descemos até a piscina na primeira noite, nosso filho de quatro anos, Josiah, recusou-se a entrar nela. Percebi que ele estava com medo, mas não conseguia entender a razão para isso. Então, Josiah disse: "Não quero afundar". E tive uma lembrança. A última vez que ficáramos em um hotel com piscina fora poucos meses antes. Josiah estava na escada do lado raso da piscina quando escorregou e engoliu um bocado de água. Ele ficou bem, mas isso o assustou muito. Ele foi até a banheira de água quente em que eu estava e disse: "Papai, eu afundei".

Agora, aqui está o ponto: Josiah, no verão anterior, amava nadar. Ele era destemido e gritava: "Papai, pegue-me", *depois* de se jogar da beira da piscina. Mas essa experiência assustadora na piscina do hotel plantara a semente do medo nele.

Honestamente, o medo dele de afundar era totalmente irracional. Disse-lhe que o seguraria o tempo todo, e que ele, na verdade, podia tocar o fundo da piscina com o pé. Mas você não consegue argumentar com medos irracionais.

Acho que todos nós somos modelados, para melhor ou para pior, por um punhado de experiências. Essas experiências decisivas podem plantar a semente da confiança ou da dúvida, a semente da esperança ou da desesperança, a semente da fé ou do medo.

Essa circunstância de Josiah plantou a semente do medo. E é meu dever, como pai, extrair essa erva daninha emocional para que Josiah não deixe que o medo irracional de piscina de hotel se enraíze em sua mente. Uma de minhas sagradas responsabilidades como pai é ajudar meus filhos a desaprender seus medos. Por isso, coloquei Josiah na piscina contra a vontade dele. Tentei não traumatizá-lo. E os gritos dele fizeram com que me sentisse um péssimo pai. Mas o coloquei na piscina porque é minha responsabilidade, como pai, ajudar meus filhos a enfrentar seus medos. Sabia que o medo não iria embora se ele não aprendesse a enfrentá-lo. E sabia que ele perderia muita diversão se não o ajudasse a ser corajoso.

A propósito, também descobri que é uma ótima forma de ganhar um abraço grande e apertado. Josiah agarrou-se em mim como se não existisse um amanhã!

Não temos a mesma experiência em nosso relacionamento com Deus? Quando tudo vai bem é fácil mantermos distância. Mas, quando estamos em uma situação de medo, agarramo-nos a Deus por nossa preciosa vida.

Pense em seus medos como leões mentais. Se não aprendermos a perseguir esses medos, eles podem nos manter cercados pelo resto da vida. Assim, nosso Pai celestial, como um bom pai, ajuda-nos a desaprender os medos que podem nos fazer perder tantas realizações e frutos — ele faz isso porque nos ama e quer o melhor para nós.

Primeira João 4.18 descreve o objetivo final de nosso relacionamento com Deus: "No amor não há medo; ao contrário o perfeito amor expulsa o medo".

O objetivo do amor é o *destemor*! À medida que crescemos em um relacionamento amoroso com Deus, desaprendemos os medos que nos paralisam e nos neutralizam do ponto de vista espiritual. Essa é a essência da fé.

Fé é o processo de desaprender nossos medos irracionais.

O único medo ordenado por Deus é o temor a Deus. E, se tememos a Deus, então não precisamos temer mais ninguém nem mais nada. Desaprender nossos medos é, de fato, o processo de aprender a confiar cada vez mais em Deus.

Alergias da fé

Os perseguidores de leão vivenciam os mesmos medos que todas as outras pessoas. Aposto que Benaia tinha medo de criaturas imaginárias quando era criança. Contudo, os perseguidores de leão aprendem a enfrentar esses medos. Eles desaprenderam o medo da incerteza, o medo do risco, o medo de parecer tolo e incontáveis outros medos que possam detê-los. Sua fé foi desfragmentada. Eles não sabem necessariamente mais que as outras pessoas, mas desaprenderam os medos que os mantinham cativos. E todos o fazem do mesmo jeito: perseguindo seus medos, e não fugindo deles. Eles se expõem à exata coisa de que têm medo.

Abraão levou Isaque ao monte Moriá e o colocou sobre o altar. Moisés procurou o faraó quarenta anos depois de ter ido embora como fugitivo. E Jesus foi ao deserto para ser tentado por Satanás.

Há algum Isaque que você precisa sacrificar no altar? Há algum faraó que você precisa enfrentar? Ou talvez Deus o esteja chamando para uma sessão no deserto?

Os perseguidores de leão não se escondem das coisas de que têm medo. Eles caçam leões em covas. Eles se expõem à origem de seu terror porque sabem que é a única forma de superá-lo. Os perseguidores de leão têm alta resistência ao medo porque desenvolveram imunidade ao medo.

Recentemente, fui ao médico a fim de fazer uma bateria de testes para alergia. Minha médica queria descobrir o que provoca minha asma. A enfermeira picou meu antebraço em 18 lugares com diferentes alérgenos e disse: "Não coce". Parecia tortura chinesa. Tive de resistir ao impulso de coçar pelos quinze minutos mais longos da minha vida!

Não obstante, o teste de alergia não é um exercício de crueldade e punição incomum sem propósito, mesmo que pareça ser. É uma forma de construção reversa. Minha médica não estava satisfeita em tratar meus sintomas alérgicos. Ela queria descobrir a raiz das minhas reações alérgicas. E a solução não era apenas evitar aqueles alérgenos. Na verdade, a cura é me expor a eles em pequenas doses.

Eis o ponto: a cura para o medo de fracassar não é o sucesso. É fracassar. A cura para o medo de rejeição não é a aceitação. É a rejeição. Você tem de se expor a pequenas doses de qualquer coisa de que tenha medo. É assim que desenvolve imunidade.

Quando estava na faculdade na região de Chicago, Lora e eu queríamos implantar uma igreja na margem norte de Chicago. Tínhamos um núcleo de pessoas. Tínhamos um nome. Abrimos uma conta bancária. Um pequeno detalhe: nunca havíamos celebrado um culto.

Essa tentativa frustrada foi muitíssimo embaraçosa, pois disséramos a todos que implantaríamos uma igreja, mas depois caímos de cara no chão. E foi uma desilusão porque achávamos que era o que Deus queria que fizéssemos. Foi um fracasso total. Mas também foi uma das melhores coisas que nos aconteceu. Não é que hoje eu goste mais de fracassar do que gostava na época, mas aquela experiência, de algum modo, libertou-nos do medo de fracassar. Ela desenvolveu nossa *imunidade* ao medo. Por isso, quando tivemos a oportunidade de fazer parte do programa de implantação de igrejas da National Community Church, não tivemos medo de fracassar. Imagino que não podíamos causar mais dano do que fizéramos em Chicago!

Do que você tem medo? Que alérgenos provocam a reação de medo em você? São a esses exatos medos que você precisa se expor.

Uma das melhores coisas que podem acontecer a você é seu medo se tornar uma realidade. Então, você pode descobrir que isso não é o fim do mundo. Seu medo é pior que a realidade — o fato em si de que tem medo. E se você aprende com cada erro, então, não existe essa coisa de fracasso.

Indefeso

Você se lembra como a Escritura descreve Satanás?

> O Diabo, o inimigo de vocês, anda ao redor como leão, rugindo e procurando a quem possa devorar. (1Pedro 5.8)

Satanás tem duas táticas principais no que se refere a paralisá-lo do ponto de vista espiritual: desencorajamento e medo. Ele quer que você foque seus erros passados. Por isso, ele é chamado de "o acusador dos nossos irmãos" (Apocalipse 12.10). E o resultado final de focar os erros passados é a perda da coragem.

A outra tática é o medo. Satanás quer afastar o céu de você. Ele quer colocá-lo sob seu próprio controle para que você se torne reativo e defensivo. Por isso, ele é descrito como um leão que vive à espreita.

E precisamos de um pouco de coragem semelhante à de Cristo para caçar o leão.

Jesus nunca correu de ninguém nem de nada. Ele não teve medo de entrar no templo quando sabia que os fariseus tramavam contra sua vida. Ele não teve medo de um lunático possuído por uma legião de demônios. E, quando a multidão linchadora veio prendê-lo, o que Jesus fez? Ele não correu nem se escondeu. A Escritura diz que ele se adiantou e se identificou (João 18.4, *AEC*).

Jesus jamais fugiu de seus detratores ou de seus perseguidores. Ele os caçou.

Mesmo quando sua vida estava em risco, Jesus se recusou a defender-se diante das autoridades judiciais. Estou convencido de que se ele decidisse se defender poderia e teria conseguido escapar da cruz. Por quê? Porque ele nunca perdeu um debate. Mas, em vez disso, ele escolheu ficar calado e ir para a cruz.

> Ele foi levado como ovelha para o matadouro, e como um cordeiro mudo diante do tosquiador, ele não abriu a sua boca. (Atos 8.32)

Isso é a essência da coragem, certo?

Coragem de se pôr em uma posição indefesa.

Não foi isso que lançou Daniel na cova de um leão? Não foi isso que Ester fez ao desafiar o protocolo real e se aproximar do rei sem ser convocada? E não foi isso que Jesus fez na cruz?

O povo zombou de Jesus. Eles o insultaram. Eles o provocaram.

> Se você é o rei dos judeus, salve-se a si mesmo. (Lucas 23.37)

Você pode imaginar como deve ter sido difícil ouvir essas palavras? Pois Jesus podia salvar a si mesmo!

> Você acha que eu não posso pedir a meu Pai, e ele não colocaria imediatamente à minha disposição mais de doze legiões de anjos? Como então se cumpririam as Escrituras que dizem que as coisas deveriam acontecer desta forma? (Mateus 26.53,54)

Legião era a maior unidade no exército romano, consistindo em 6 mil soldados. Jesus sabia que tinha mais de 72 mil anjos a sua disposição. Ele poderia ter interrompido sua missão redentora com um chamado de ajuda angélica. Mas Jesus não tentava salvar a si mesmo. Ele tentava nos salvar. Por isso, ele se pôs em uma posição indefesa. Ele teve a coragem de ir para a cruz.

É tempo de assumir uma posição

Tempo virá em que você terá de enfrentar seus medos e assumir uma posição para o que é certo. Foi isso que Sadraque, Mesaque e Abede-Nego fizeram (Daniel 3.16-18). Eles arriscaram a vida quando se recusaram a se inclinar diante de um ídolo de 27 metros.

Tenho de ser honesto; naquela circunstância, ficaria tentado a racionalizar a concessão. *Vou me inclinar no exterior, mas não em meu interior. Cruzarei os dedos enquanto me inclino, assim isso não conta de verdade. Fingirei que o ídolo é Jeová.* Eles podiam ter feito a concessão, mas perseguidores de leão não desistem. E o ato de coragem deles montou o palco para milagres épicos.

Sadraque, Mesaque e Abede-Nego responderam ao rei: "Ó Nabucodonosor, não precisamos defender-nos diante de ti. Se formos atirados na fornalha em chamas, o Deus a quem prestamos culto pode livrar-nos, e ele nos livrará das tuas mãos, ó rei. Mas, se ele não nos livrar, saiba, ó rei, que não prestaremos culto aos teus deuses nem adoraremos a imagem de ouro que mandaste erguer". (Daniel 3.16—18)

Posso imaginar mil formas em que preferiria morrer exceto em uma fornalha em chamas! Se tivesse de escolher entre um leão me comer ou queimar em uma fornalha, não tenho certeza de qual escolheria. Mas Sadraque, Mesaque e Abede-Nego assumiram uma posição. E é disso que se trata a coragem.

Coragem é fazer o que é certo independentemente das circunstâncias e das consequências.

Sadraque, Mesaque e Abede-Nego recusaram-se a se defender, e Nabucodonosor ficou tão furioso que mandou aumentar em sete vezes a temperatura da fornalha antes de lançá-los dentro dela. A fornalha estava tão quente que os soldados que jogaram os três morreram nela. No entanto, nem um fio de cabelo de Sadraque, Mesaque e Abede-Nego se queimou.

> Mas logo depois o rei Nabucodonosor, alarmado, levantou-se e perguntou aos seus conselheiros: "Não foram três os homens amarrados que nós atiramos no fogo?". Eles responderam: "Sim, ó rei". E o rei exclamou: "Olhem! Estou vendo quatro homens, desamarrados e ilesos, andando pelo fogo, e o quarto se parece com um filho dos deuses".
> (Daniel 3.24,25)

Quando você se põe em posições indefesas, o palco é montado para Deus aparecer. E foi exatamente o que aconteceu. Sadraque, Mesaque e Abede-Nego não só saíram vivos da fornalha, como nem mesmo cheirando à fumaça.

E se Sadraque, Mesaque e Abede-Nego tivessem se inclinado ao ídolo?

Não tenho certeza se posso responder de forma correta a essa pergunta, mas sei o seguinte: eles não seriam promovidos. O povo judeu não alcançaria a posição de protegidos do reino babilônio. A adoração a ídolos não teria diminuído na Babilônia. E Nabucodonosor não teria um encontro de vida transformador com Deus.

> Disse então Nabucodonosor: "Louvado seja o Deus de Sadraque, Mesaque e Abede-Nego, que enviou o seu anjo e livrou os seus servos! Eles confiaram nele, desafiaram a ordem do rei, preferindo abrir mão de sua vida a prestar culto e adorar a outro deus que não fosse o seu

próprio Deus. Por isso eu decreto que todo homem de qualquer povo, nação e língua que disser alguma coisa contra o Deus de Sadraque, Mesaque e Abede-Nego seja despedaçado e sua casa seja transformada em montes de entulho, pois nenhum outro deus é capaz de livrar alguém dessa maneira". (Daniel 3.28)

Um ato de coragem de três jovens mudou um rei e um reinado. Talvez esteja na hora de enfrentar seu medo e assumir uma posição.

O LADO DIVERTIDO DO MEDO

Imagine ter uma conversa com Benaia com uma dose dupla de café expresso. A conversa cobriria os pontos típicos de conversas da antiguidade: estratégia militar, moabitas, higiene e o último dispositivo para guardas pessoais. Depois, após um pouco de conversa, você pede a Benaia para lhe contar a respeito do maior momento da vida dele. Tenho certeza de que Benaia recontaria os três eventos registrados em 2Samuel 23. Talvez ele até mesmo enfeitasse um pouco os fatos. (Você ainda não notou essa tendência universal? Quanto mais velhos, experientes, melhores ficamos.)

A seguir, depois de obter uma descrição quadro a quadro dos atos de coragem épicos de Benaia, você pede a ele que lhe conte os momentos mais assustadores de sua vida. Imagino que Benaia lhe lançaria um olhar confuso e lhe diria que acabara de contá-los a você. Os maiores momentos se duplicam se considerados como os momentos mais assustadores. Eles são um e o mesmo.

É tão fácil ler sobre um encontro com um leão que aconteceu há 3 mil anos e subestimar totalmente o trauma emocional que pode ter causado. A maioria de nós tem pesadelo depois de ver algo assustador em um filme. Garanto que Benaia acordou suando frio mais de uma vez depois de ter lembranças noturnas. Com certeza, Benaia matou o leão; mas não antes de ser amedrontado de forma descomunal! Ele ficou a poucos centímetros dos dentes expostos do animal. Podia sentir o hálito cheirando a sangue do leão. E o som do rugido vibrando na cova deve ter ecoado para sempre em sua mente.

Era puro medo.

Não importa quanto você foi testado ou amedrontado na batalha. Não importa quão louco ou corajoso você é. Você não fica face a face com um leão de 226 quilos sem vivenciar absoluto terror. Mas o momento mais assustador da vida de Benaia tornou-se também o maior.

A mesma coisa é verdade para todos nós. Se parar um segundo para refletir sobre sua vida, descobrirá que as maiores experiências, não raro, são assustadoras e que as experiências mais assustadoras, em geral, são as mais extraordinárias.

É assim que a vida funciona, não é mesmo?

Sempre pergunto aos meus filhos depois de levá-los para dar uma volta de foguete ou no elevador que cai: foi assustador ou divertido? Em geral, é uma combinação das duas coisas. Eles sentem medo quando eu os jogo para o alto ou no sofá. Mas depois é divertido. *Medo, depois diversão.*

Não é por isso que pagamos um bom dinheiro para ir a parques temáticos? Com certeza, andamos no carrossel e naquele em que os assentos são xícaras de chá. Mas não é nesses brinquedos que pagamos muito dinheiro. As montanhas-russas com descidas de 89º são a fonte de renda dos parques. Você já parou para pensar como é irônico andar em montanha-russa? Basicamente, pagamos alguém para fazer com que o estômago venha parar na boca. Em geral, ficamos chateados quando alguém nos assusta. Então por que pagamos para andar de montanha-russa? Porque temos necessidade de perigo controlado. Sempre precisamos de uma dose de medo de vez em quando.

É difícil de descrever, mas o medo tem algo que faz com que nos sintamos vivos. A adrenalina corre solta. Nossos reflexos ficam parecidos com os dos felinos. E o tempo para. Benaia deve ter ficado morrendo de medo enquanto caçava o leão. Mas ele nunca se sentiu mais vivo. E foi o medo que sentiu que transformou sua história em uma cova com um leão em um dia de neve muito mais divertida de contar depois de tudo consumado. As experiências mais assustadoras dão as melhores histórias, não é mesmo?

Portanto, eis minha pergunta: *Você vive sua vida de uma maneira que rende boas histórias para contar?*

Talvez esteja na hora de parar de fugir e começar a perseguir. Tente algo novo. Corra alguns riscos. Comece a fazer algumas coisas que valham a pena ser contadas em detalhes, a ponto de deixar as pessoas de queixo caído. Acho que devemos isso a nossos filhos e netos. Imagine as histórias que Benaia contava a seus filhos na hora de dormir. Posso escutar a esposa monitorando-o. *Lembre-se Benaia, eles têm apenas 4 e 5 anos. Não exagere nos detalhes.*

Muitos de nós oramos como se o principal objetivo de Deus seja impedir que sintamos medo. Todavia, o objetivo da vida não é eliminar o medo. O objetivo dela é reunir a coragem moral para perseguir leões.

Sem dúvida, não estou sugerindo que você pule a cerca do zoológico da sua cidade. Por favor, preste atenção ao aviso de alerta do lado de fora da jaula do leão. Mas preocupo-me com o fato de que a igreja tenha se tornado uma casamata em que procuramos abrigo quando, na verdade, somos chamados a bombardear os portões do inferno. Isso soa seguro? Não posso imaginar uma missão mais ousada nem perigosa.

Se dissermos a verdade, a alternativa para o medo é o enfado. E o enfado não é apenas aborrecimento. O enfado é indesculpável! Sören

Kierkegaard chegou a ponto de dizer que o "enfado é a raiz de todo mal", pois ele indica que estamos nos recusando a ser quem Deus quer que sejamos. Se você está enfadado, uma coisa é certa: você não está seguindo as pegadas de Cristo.

Em algum ponto da sua vida, você tem de escolher entre o medo e o enfado.

Os perseguidores de leão escolhem o medo.

Revisão do capítulo 3

Pontos a lembrar

- Não deixe que os leões mentais o impeçam de vivenciar tudo que Deus tem a oferecer.
- Metade do crescimento espiritual é aprender o que não sabemos. A outra metade é desaprender o que sabemos.
- É o fracasso em desaprender os medos irracionais e os conceitos errôneos que nos impedem de nos tornar quem Deus quer que sejamos.
- Ao ler a Escritura, empreendemos o dedilhar espiritual. Nosso cérebro é reprogramado em alinhamento com a Palavra, e desenvolvemos a mente de Cristo.
- O objetivo da vida não é eliminar o medo. O objetivo dela é reunir a coragem moral para perseguir leões.

Inicie sua caçada

Mark diz que "uma das melhores coisas que podem acontecer a você é seu medo se tornar uma realidade". Bem, você, depois de ler este capítulo, acredita que isso seja verdade? Hoje, que medo lhe parece mais esmagador? O que você acha que pode ganhar se esse medo se tornar uma realidade?

CAPÍTULO 4

A arte de recompor

*A mente tem seu próprio espaço e,
em si mesma, pode tornar um céu
em inferno, um inferno em céu.*

JOHN MILTON

Em 1996, herdei um pequeno grupo de pessoas e comecei a servir como pastor líder na National Community Church [Igreja Comunidade Nacional]. O início não foi nada auspicioso. O primeiro domingo foi o fim de semana em que a nevasca de 1996 atingiu o recorde de queda de neve em Washington D.C. Apenas três pessoas foram à igreja no primeiro domingo, minha esposa, nosso filho Parker e eu. Claro que o lado bom foi que, no segundo domingo, quando comparado ao primeiro, vivenciamos um crescimento vigoroso de 633% com o comparecimento de 90 pessoas.

Nos primeiros nove meses, a média de comparecimento foi de 25 pessoas. E essa contagem, em um bom domingo, incluía o Pai, o Filho e o Espírito Santo. Costumava fechar os olhos no culto, pois era muito deprimente mantê-los abertos. Detesto até mesmo admitir isso, mas, para ser honesto, acho que se não fosse o pastor não iria à igreja.

De acordo com os demógrafos, mais da metade de todas as igrejas implantadas não chegam ao segundo ano de vida. E, quando olho em retrospectiva, entendo como a National Community Church chegou facilmente a essa estatística. Durante aqueles poucos primeiros meses, não achava que, de fato, era pastor, nem a National Community Church achava que era igreja. Sentíamos como se tivéssemos sido lançados em mar alto e não soubéssemos nadar. Apenas nos agitávamos tentando manter a cabeça fora da água.

Então, em setembro de 1996, vivenciamos o que considerei um enorme problema. A pessoa no comando do arrendamento de escolas públicas deixou uma mensagem de voz nos informando que a escola pública em Washington D.C., em que nos reuníamos, seria fechada por violação do código de segurança contra incêndios. Gostaria de dizer que minha reação inicial foi de fé. Contudo, a verdade é que tive a sensação de náusea, algo que comprimia meu estômago. Nós ainda nem achávamos que éramos uma igreja e estávamos à beira de nos tornar uma igreja sem teto. Escrevi estas palavras em meu diário do dia 27 de setembro de 1996: "Senti como se tivessem nos encostado contra a parede".

Parecia-me, honestamente, que caíramos em uma cova com um leão em um dia de neve.

No entanto, o que eu via como um problema assustador provou ser uma oportunidade de 226 quilos. Começamos a investigar as opções de aluguel em Capitol Hill e apenas uma porta se abriu: o cinema na Union Station [Estação Central].

Em retrospectiva, não consigo imaginar um local mais estratégico para implantar uma igreja. A Union Station é o lugar mais visitado em Washington D.C. Mais de 25 milhões de pessoas passam pela estação todos os anos. Temos nossa própria garagem de estacionamento, sistema de metrô e parada de ônibus. Há ali uma praça de alimentação com 40 restaurantes, logo do lado de fora da nossa marquise. A estação está estrategicamente localizada a quatro quarteirões do Capitol e a quatro quarteirões do maior abrigo de sem-teto da cidade.

Deus nos posicionou exatamente no meio de um centro comercial, e não gostaríamos de estar em nenhum outro lugar. Fazer igreja no meio de um centro comercial faz parte do nosso DNA. Na verdade, nossa perspectiva de longo prazo é nos reunir em cinemas, em estações do metrô em toda a área de Washington D.C. Contudo, há uma coisa: peguei um atalho para chegar aonde Deus queria que fôssemos. Aproveitei uma oportunidade ordenada por Deus que veio bem disfarçada de problema.

Jamais esquecerei meu sentimento quando, naquele dia, saí da Union Station após assinar o contrato de arrendamento com o cinema. Sem dúvida, estava assustado. Sentia como se estivéssemos perseguindo um leão. A oportunidade parecia grande demais para nós. Mas também sentia uma fortíssima sensação de destino.

Enquanto saía da estação, parei em um quiosque e peguei o livro *A History of Washington's Grand Terminal* [História do grande terminal de Washington]. Sou fã de História e queria saber um pouco mais sobre o lugar em que nos estabeleceríamos e teríamos uma igreja. Por isso, logo abri o livro e a primeira página era a reprodução do projeto de lei do Congresso determinando a criação da Union Station. Ele foi assinado por Theodore Roosevelt em 28 de fevereiro de 1903 e dizia: "Ato do Congresso para criar a Union Station e para outros propósitos".

A citação — "e para outros propósitos" — saltou da página para meu espírito.

A Union Station, mais de cem anos depois da assinatura daquela lei, servia aos propósitos de Deus por meio do ministério da National Community Church. Não acredito que Theodore Roosevelt soubesse que estava construindo uma pseudo-igreja. E o Congresso, com certeza, não sabia que estava fundando uma campanha de construção de igreja. Mas tenho certeza de que Deus sabia exatamente o que eles estavam construindo. Deus arranjou as coisas para a National Community Church cem anos antes de sequer existirmos. Ele trabalhava nos bastidores, elaborando as circunstâncias. E Deus está fazendo o mesmo por você. Mas eis a pegadinha: as oportunidades, muitas vezes, parecem obstáculos intransponíveis. Por isso, se quisermos aproveitá-las, temos de aprender a ver os problemas de uma nova maneira — do jeito de Deus. Assim, nossos maiores problemas começam a parecer nossas maiores oportunidades.

Repense a oração

Se fizermos uma avaliação honesta de nossa vida de oração, acho que ficaremos surpresos com o percentual de orações destinadas à *redução de problemas*. A maioria de nós ora a Deus que nos mantenha fora de covas com leões em dias de neve. Pedimos a Deus que nos deixe afastados de grandes guerreiros egípcios com lanças. E, se tivermos de lutar com moabitas, pedimos a Deus que nos garanta números a nosso favor. Não obstante, se esses problemas forem apenas oportunidades disfarçadas, nossas orações estão totalmente mal orientadas.

Parte de mim se pergunta se Davi sentia uma afinidade especial por Benaia. Davi fora guarda pessoal como Benaia (1Samuel 22.14). E os dois faziam parte da exclusiva associação de perseguidores de leão. Havia um laço único entre Davi e Benaia, parecido com o efeito da trincheira sobre os soldados que enfrentam a morte. Eles eram espíritos afins. E Davi, da mesma forma que Benaia, foi preparado para seu grande desafio por um encontro com um leão.

Davi, muito antes de se tornar rei, era um simples pastor. Enquanto seus irmãos estavam na linha de frente combatendo os filisteus, ele estava preso na linha lateral tomando conta de ovelhas. Davi sentia-se como se tivesse sido afastado para as pastagens; mas Deus desenvolvia uma fantástica habilidade nesse homem, habilidade essa que o lançou na ribalta nacional.

Davi, logo antes de sua épica batalha com Golias, ligou os pontos entre seus problemas passados e a oportunidade atual. Ele reviu seu currículo para que Saul o deixasse lutar com Golias:

> Quando aparece um leão ou um urso e leva uma ovelha do rebanho, eu vou atrás dele, dou-lhe golpes e livro a ovelha de sua boca. Quando se vira contra mim, eu o pego pela juba e lhe dou golpes até matá-lo. Teu servo pôde matar um leão e um urso; esse filisteu incircunciso será como um deles, pois desafiou os exércitos do Deus vivo. O SENHOR que me livrou das garras do leão e das garras do urso me livrará das mãos desse filisteu. (1Samuel 17.34)

Talvez eu esteja lendo nas entrelinhas, mas tenho um pressentimento. Acho que Davi orou por sua ovelha. Não posso provar isso, mas acho que há algumas razões convincentes por que ele fez isso. Davi amava suas ovelhas e orava por elas, da mesma forma que amamos nossos bichos de estimação e oramos por eles. Além disso, as ovelhas de Davi eram seu meio de vida. Assim como o fazendeiro ora por sua safra, o pastor ora por seu rebanho. Na verdade, aposto que Davi orava especificamente a Deus que protegesse seu rebanho de leões e ursos. Isso faz sentido, certo? Mas as orações de Davi não foram respondidas. Em inúmeras ocasiões, leões e ursos atacaram seu rebanho. Pergunto-me se Davi questionou Deus: *Por que Deus não responde as minhas orações por segurança?*

A resposta manifesta-se na preparação de Davi para enfrentar Golias. Davi soma dois e dois. Ele entende a forma como sua oração não respondida, na verdade, preparou-o para a oportunidade de toda uma vida. Cada vez que um leão ou urso atacava o rebanho, Davi pegava uma pedra de sua bolsa de pastor, punha no estilingue, fazia pontaria e atirava. E Davi percebe que os leões e os ursos foram um exercício de pontaria. Foram treinamentos que aperfeiçoaram sua habilidade de atirador perito preparando-o para seu lance de morte súbita contra o time dos Giants [gigantes], liderados por Golias.

No fim de nossa vida, como Davi, agradeceremos a Deus pelos leões, ursos e gigantes que ele nos enviou. E nós, como Benaia, agradeceremos a Deus pelas covas e leões em dias de neve. Talvez isso soe um tanto sádico, mas acompanhe a lógica: os problemas passados é que nos preparam para as oportunidades futuras. Por isso, um dia, agradeceremos tanto pelas coisas boas como pelas coisas ruins, pois são estas que nos preparam para as boas.

À primeira vista, aterrissar em uma cova com um leão em um dia de neve é um problema enorme. Na verdade, para a maioria de nós, esse seria o último problema que teríamos! Não obstante, os maiores problemas, às vezes, representam as melhores oportunidades para que Deus revele sua glória e opere seus propósitos. Ninguém gosta de estar na cova nem de ser afastado para as pastagens, mas talvez Deus esteja desenvolvendo o caráter e afiando as habilidades que o ajudarão mais tarde em sua vida.

A lei das consequências involuntárias

C. S. Lewis, em sua obra *Letters to Malcolm* [Cartas para Malcolm], diz: "Se Deus tivesse atendido todas as orações tolas que fiz em minha vida, onde eu estaria agora?". Ele chegou mesmo a dizer que, um dia, ficaremos mais gratos por nossas orações *não*-respondidas que pelas respondidas. A razão para isso é simples: muitas de nossas orações são mal-orientadas. Oramos por conforto, em vez de orar por caráter. Oramos por uma saída fácil, em vez de orar por forças para construir outra saída. Oramos por bônus, quando o resultado poderia ser ônus. Oramos a Deus que nos mantenha fora de covas com leões. Contudo, se Deus respondesse nossa oração, isso nos privaria das maiores oportunidades. Muitas de nossas orações, se respondidas, dariam um curto-circuito nos planos e propósitos de Deus para nós. Talvez devamos parar de pedir a Deus que nos *tire* de circunstâncias difíceis e perguntar o que ele quer que *tiremos* de tais circunstâncias.

A maioria de nós culpa as circunstâncias quando as coisas não saem bem, da mesma forma como culpamos o juiz quando o jogo não está bom para nosso time. Procuramos um bode expiatório externo. Mas talvez nosso problema não seja a circunstância. Talvez nosso problema seja nossa perspectiva.

Lembre-se do capítulo 2, Deus tem uma perspectiva de 360° em todas as coisas. Ele considera cada contingência. Ele vê todas as facetas que envolvem todas as coisas — cada questão, cada pessoa, cada experiência, cada problema. A maioria de nós vê uma fatia muito estreita da realidade. O melhor e mais brilhante dos seres humanos deve ter um ângulo de visão de 1° grau. É como se olhássemos através de um orifício. Então por que presumimos que sempre oramos pelo que é melhor para nós? Se pudéssemos enxergar o que Deus enxerga, faríamos orações muito diferentes.

Lembra-se da história de Midas, o antigo rei frígio? De acordo com a lenda, Midas amava tanto o ouro que Dionísio atendeu seu pedido; Midas pedira que tudo que tocasse se transformasse em ouro. De início, ele ficou deliciado com o resultado do seu pedido, mas, quando descobriu que, ao seu toque, o alimento não era mais comestível e que seu abraço transformava seus entes queridos em criaturas inanimadas, ele se deparou com o que o sociólogo Robert Merton chama de a lei das consequências involuntárias. Obter o que queremos, como aconteceu com Midas, pode resultar em consequências imprevistas e indesejáveis. Desista do toque de Midas!

As orações não-respondidas, às vezes, indicam que Deus, em sua soberana sabedoria, poupa-nos da dor das consequências involuntárias. Deus, às vezes, permite o que seu poder poderia evitar. A maior parte do tempo, a oração não-respondida nos causa um bocado de angústia; contudo, um dia, agradeceremos a Deus pelas orações que *não* respondeu tanto quanto pelas que respondeu.

Talvez a oração diga menos quanto a mudar nossa circunstância que a mudar nossa perspectiva. A maior parte dos nossos problemas não é subproduto de nossas circunstâncias, mas de nossa percepção em relação às nossas circunstâncias. Talvez devamos deixar de fazer *orações por segurança*.

A ADORAÇÃO É A SAÍDA

Em Atos 16, Paulo e Silas são presos em um calabouço filipense. Não é uma cadeia cinco estrelas, é o buraco do inferno. Na Antiguidade, acabar em uma prisão do Oriente Médio não era muito diferente de acabar em uma cova com um leão em um dia de neve.

Poucas horas antes, Paulo expulsara um demônio de uma moça que previa o futuro, e os senhores dela não gostaram, pois a escrava vidente era uma mina de ouro. Por isso, Paulo e Silas foram presos.

> A multidão ajuntou-se contra Paulo e Silas, e os magistrados ordenaram que se lhes tirassem as roupas e fossem açoitados. Depois de serem severamente açoitados, foram lançados na prisão. O carcereiro recebeu instrução para vigiá-los com cuidado. Tendo recebido tais ordens, ele os lançou no cárcere interior e lhes prendeu os pés no tronco. (Atos 16.22-24)

Se eu fosse Paulo ou Silas, estaria esgotado física, emocional e espiritualmente. Ficaria exaurido até a última gota. Não sobraria nada a dar. Minhas costas ainda deveriam estar sangrando por causa do açoitamento; estou em uma prisão de segurança máxima. Se fosse Paulo ou Silas, não me aborreceria só com a multidão; também ficaria irritado por Deus não me manter fora dessa confusão. Afinal, eles estavam pregando o evangelho.

As circunstâncias não poderiam ficar muito piores. Por isso, a reação de Paulo e de Silas é tão extraordinária. É provável que, se eu estivesse no lugar deles, o texto dissesse: "Por volta da meia-noite, Mark reclamava de sua circunstância". Mas não é o que acontece com Paulo e Silas.

> Por volta da meia-noite, Paulo e Silas estavam orando e cantando hinos a Deus; os outros presos os ouviam. (Atos 16.25)

Deixe-me compartilhar algo que aprendi com algumas de minhas lutas pessoais. Em geral, quando tenho uma queda espiritual ou emocional é porque foco o problema. Fixo em algo de que não gosto em mim mesmo, em outra pessoa ou na minha circunstância. E a solução, nove entre dez vezes, é tirar o foco do problema para que eu possa ter alguma perspectiva da situação.

Portanto, como desviamos o foco? A resposta em uma palavra é *adoração*.

Poucos anos atrás, tive um pensamento que se tornou o lema da adoração da National Community Church: Não deixe o que está errado com você o impedir de adorar o que está certo com Deus.

Recompor os problemas refere-se a mudar o foco. Você deixa de focar o que está errado com sua circunstância; e começa a focar o que está certo com Deus.

Paulo e Silas podiam focar a circunstância e reclamar dela. *Expulsamos um demônio e recebemos isso? Estamos em uma jornada missionária e somos açoitados e jogados na prisão? Em vez de Deus garantir nossa retaguarda, nossas costas sangram por causa do açoitamento!* Eles podiam reclamar por muito tempo. No entanto, eles escolhem, a despeito de sua circunstância externa, adorar a Deus. E essa, com frequência, é a escolha mais difícil e a mais importante que devemos fazer.

Adorar é desviar o foco do particular e direcioná-lo ao panorama completo. É direcionar o foco para o fato de que Jesus, 2 mil anos atrás, morreu na cruz para pagar a pena pelo meu pecado. É direcionar o foco para o fato de que Deus me ama de forma incondicional, mesmo quando menos espero por isso e menos mereço isso. É direcionar o foco para o fato de que tenho a eternidade com Deus em um lugar em que não há pranto nem sofrimento nem dor.

Adorar é esquecer o que está errado com você e lembrar o que está certo com Deus. É como apertar a opção de restaurar em seu computador. Restaura a alegria da sua salvação. Calibra seu espírito. Renova sua mente. E capacita-o a encontrar algo de bom para louvar a Deus mesmo quando tudo parece dar errado.

É fácil? De forma alguma. Nada é mais difícil que louvar a Deus quando nada parece dar certo. No entanto, uma das formas mais puras de adoração é louvar a Deus até mesmo quando você se sente assim, pois isso prova que sua adoração não é circunstancial.

Habilidade de responder

Viktor Frankl, sobrevivente do holocausto, em sua obra *Em busca de sentido* (livro que mais nos leva à reflexão, dentre os que já li), escreve sobre sua experiência em um campo de concentração nazista.

Tudo foi tirado dos prisioneiros judeus. Eles foram despojados de suas roupas, de suas fotografias e de seus bens pessoais. Os captores nazistas tiram deles até mesmo o nome e lhes deram números. Frankl era o número 119.104. Contudo, segundo ele, havia uma coisa que os nazistas não podiam tirar: "Tudo pode ser tirado de um homem menos uma coisa: a última das liberdades humanas — a escolha de sua atitude diante de um determinado conjunto de circunstâncias".[1]

A escolha mais importante que você faz todos os dias é sua atitude. Sua atitude interior é muito mais importante que suas circunstâncias exteriores. A alegria *é uma questão da mente*.

O professor Vicki Medvec fez um estudo fascinante que revela a importância relativa das atitudes subjetivas e diz que estas contam mais que as circunstâncias objetivas. Ele estudou os medalhistas olímpicos e descobriu que os atletas que conquistam medalha de bronze ficam, em termos quantificáveis, mais felizes que os que conseguiram medalha de prata. Eis a razão para esse fenômeno: os atletas que conquistam medalha de prata costumam focar quão perto chegaram de obter a medalha de ouro e, por isso, não ficam satisfeitos com a de prata; os que conquistam a medalha de bronze tendem a focar quão próximos ficaram de não ganhar nenhuma medalha e, por isso, ficam satisfeitos só por estarem entre os medalhistas.[2]

A forma como nos sentimos não é determinada pelas circunstâncias objetivas. Se fosse esse o caso, o atleta que conquista a medalha de prata sempre ficaria mais contente que o que conseguiu a medalha de bronze por causa do resultado objetivamente melhor. Contudo, a forma como nos sentimos não é circunstancial. Nossos sentimentos são determinados por nosso foco subjetivo.

Sempre que algum de nossos filhos tem medo é porque foca o que o deixa infeliz, assim lanço mão do filme *Guerra nas Estrelas*. Digo: "Crianças, lembrem o que Qui-gon disse a Anakin: 'Seu foco determina sua realidade'". De início, meus filhos ficaram um tanto

---

[1] FRANKL, Viktor E. *Em busca de sentido*. Porto Alegre: Sulina, 1987; ou: Petrópolis, RJ e São Leopoldo, RS: Vozes/Sinodal, s. d., 25ª edição.
[2] ROESE, Neal. *If Only: How to Turn Regret into Opportunity*. Nova York: Broadway, 2005, p. 18-19.

estupefatos. Contudo, expliquei-lhes que a forma como se sentem é o resultado daquilo que eles focam.

Nunca deixei de me espantar com a forma como a mesma adversidade pode afetar duas pessoas de modo tão diferente — o que envenena uma pessoa até a morte abranda o espírito de outra. Uma pessoa desenvolve uma alma crítica e fica paralisada espiritualmente, enquanto a outra alavanca a experiência como um catalisador espiritual.

Quando me mudei para Washington D.C., depois de me graduar no seminário, dirigi um ministério paraeclesiástico chamado Urban Bible Training Center [Centro de Treinamento Urbano de Bíblia]. Tinha um estudante nigeriano que estava na casa dos 60 anos. Ele mal podia falar e andar por causa de diversos derrames que afetaram sua habilidade de locomoção e de fala. Ainda me lembro de subir a escada com ele. Cada passo era uma realização. Às vezes, eu lhe dava uma carona até o seminário, e, como sua perna direita estava muito atrofiada pela falta de uso, eu tinha de levantá-la para colocá-la dentro do carro. Nada era fácil.

Certo dia, peguei-o na espécie de cortiço público onde morava naquela época e jamais me esquecerei do chapéu que estava usando. Talvez fosse pelo contraste que eu ficara comovido. Ele mal podia andar. Ele mal podia falar. E vivia com a ajuda da assistência social. Entretanto, usava um chapéu com os dizeres: "Deus é bom!". Ele não usava apenas o chapéu; mas vivia o que dizia. Não conheci muitas pessoas tão otimistas em relação à vida.

Aquele momento se congelou em minha memória. Foi um daqueles momentos em que o Espírito Santo o ofusca de tal maneira que você nunca esquece. Na verdade, tive de reprimir as lágrimas. E lembro-me de pensar: *Que direito tenho de reclamar de alguma coisa?* Sempre que percebo que começo a sentir pena de mim mesmo, penso no "incidente do chapéu", e isso me ajuda a recompor meus problemas.

Acho que existem basicamente dois tipos de indivíduos no mundo: os queixosos e os adoradores. E não há muita diferença circunstancial entre os dois. Os queixosos sempre encontram alguma coisa do que se queixar. Os adoradores sempre encontram alguma coisa para louvar a Deus. Eles simplesmente têm padrões distintos.

Paulo e Silas foram adoradores. Eles tinham os pés e as mãos presos, mas não se pode prender o espírito humano. Você não amaria ouvir a trilha sonora deles? Gostaria que tivéssemos o MP3 de Paulo e Silas cantando. Não acho que Paulo e Silas fossem do Take 6. Na verdade, aposto que eles eram desafinados. Contudo, cantavam com tanta convicção que fez com que seus companheiros de prisão os ouvissem. Eles louvavam a Deus com a máxima potência de sua voz, e isso desencadeou uma séria de reações. É isso que a adoração faz. Ela *muda* a atmosfera espiritual. Ela *estimula* a atmosfera espiritual.

> De repente, houve um terremoto tão violento que os alicerces da prisão foram abalados. Imediatamente todas as portas se abriram, e as correntes de todos se soltaram. (Atos 16.26)

Quando você adora, isso produz ondas de choque que são registradas na escala Richter. As portas da prisão se abrem. As correntes se soltam. Mas os prisioneiros não saem. Em uma das histórias de conversão mais extraordinárias da Escritura, o carcereiro que está a ponto de se matar põe sua fé em Cristo, e toda sua família é batizada no meio da noite. Você não consegue escrever esse tipo de história! Todavia, quando adora a Deus nas piores circunstâncias, você nunca sabe o que acontecerá a seguir.

Eis um pensamento: as circunstâncias de que você se queixa se tornam a corrente que o aprisiona. E a adoração é a saída. A adoração recompõe nossos problemas e redireciona o foco de nossa vida. Ela nos ajuda a atravessar os dias ruins ao nos lembrar de como Deus é bom.

E você quando está em adoração torna-se mais sensível para perceber os milagres que acontecem a sua volta o tempo todo. De uma maneira ou de outra, o seu foco determina a sua realidade. O *resultado* da sua vida é determinado pela sua *percepção* em relação à vida.

Problema em potencial

Todos nós queremos que todos os dias sejam bons. Todavia, se todos os dias fossem bons, não existiria "bons" dias, pois não haveria dias maus para compararmos com dias bons. São os dias maus que nos ajudam a apreciar os dias bons.

Eis o que aprendi com minha experiência pessoal. A doença nos ajuda a apreciar a saúde. O fracasso nos ajuda a apreciar o sucesso. A dívida nos ajuda a apreciar a riqueza. E os momentos difíceis nos ajudam a apreciar os bons momentos. A vida é exatamente assim. Também aprendi que nossos piores dias podem se tornar nossos melhores dias.

Todo ano celebro dois aniversários em duas datas distintas. Celebro meu aniversário de verdade, no dia 5 de novembro, e no dia 23 de julho o meu pseudo-aniversário.

No verão de 2000 bati à porta da morte e a fechadura começava a girar. Vivenciava forte dor abdominal. As coisas foram piorando de forma progressiva até o domingo de 23 de julho. Naquela manhã tentei pregar, mas consegui dizer apenas uma sentença antes de ter de sair da Union Station encurvado por causa da dor excruciante.

Naquela tarde, fui para o pronto-socorro, mas só à meia-noite a IRM (imagem de ressonância magnética) revelou o que estava errado. O médico passou pela cortina e não mediu as palavras. Ele disse que meu intestino se rompera e que eu precisava de uma cirurgia de emergência, imediatamente. Embora não me lembre de suas palavras exatas, jamais me esquecerei da expressão em seu rosto. Podia perceber que eu corria risco de morte.

No entanto, o nome do meu cirurgião era Jesus. Não estou brincando. Sei que a pronúncia da versão hispânica é diferente da hebraica, mas senti que era a forma de Deus dizer que tudo correria bem. Assim, penso que sou agradecido a Jesus e a Jesus, por fazerem com que eu sobrevivesse àquela noite.

Fiquei em um respirador artificial por dois dias, perdi 11 quilos em sete dias, sofri os efeitos de uma colostomia por seis meses e tenho uma cicatriz de 45 cm no local em que foi removido um pedaço do meu intestino.

A ruptura do intestino está no topo da minha lista das piores coisas que já me aconteceram. Mas também posso dizer que foi uma das melhores! É difícil considerar que a vida é uma garantia quando você quase morreu. Usufruo mais a vida, pois tive de encarar minha mortalidade. Nas palavras do filósofo Walter Kaufmann: "A vida melhora se a pessoa tem um encontro com a morte".[3] Sem dúvida, não recomendo experiências de quase morte, mas o que Kaufmann diz é verdade. Sou uma pessoa diferente por causa de meu encontro com a morte.

O dia 23 de julho de 2000 poderia e seria o dia do atestado da minha morte. E não desejo a ninguém o que passei. Mas descobri que os piores dias, na verdade, podem se tornar os melhores se aprendermos as lições que Deus tenta nos ensinar. Ele quer que aprendamos a ver as experiências ruins por meio do benefício que ganhamos com elas.

---

[3] KAUFMANN, Walter. *Faith of a Heretic*. Nova York: Doubleday, 2000.

O efeito da adversidade

Para a maioria de nós, acabar em uma cova com um leão em um dia de neve, com certeza, seria qualificado como má sorte. Mas eis o que precisamos ver: foi a adversidade que deu a Benaia uma oportunidade para se destacar como guerreiro. Nenhuma adversidade é igual a nenhuma oportunidade. Benaia, sem aquelas condições extremamente adversas, teria desaparecido das Escrituras.

A adversidade, com frequência, é a sementeira da oportunidade. As circunstâncias ruins têm uma maneira de trazer o melhor de nós à tona. Leões selvagens formam guerreiros valentes da mesma forma que mares bravios formam excelentes marujos. A adversidade, muitas vezes, é uma bênção disfarçada.

Sonhamos com a gravidade zero. Imaginamos como seria a vida sem nenhum problema, nem controvérsias, nem desafios. Contudo, a gravidade zero, do ponto de vista biológico, é perigosa para a saúde. Os astronautas que passam muito tempo sem gravidade vivenciam sérias complicações de saúde. A falta de resistência faz com que eles percam massa muscular e densidade óssea; eles têm aceleração da pulsação e palpitação cardíaca; e mal conseguem andar depois de reentrar na atmosfera terrestre.

Podemos sonhar com a gravidade zero, mas o que precisamos mesmo é de uma boa dose de adversidade. Precisamos de alguns moabitas com os quais lutar e de alguns leões para caçar.

Tenho certeza de que Benaia tinha cicatrizes por todo o corpo. Provavelmente, Benaia foi tantas vezes para o hospital quanto Evel Kneivel, o dublê americano de filmes, famoso pelas acrobacias automobilísticas. Cada batalha preparava-o para a seguinte. E essa coletânea de experiências acumuladas no campo de batalha também o ajudou como comandante-em-chefe do exército israelita.

Estou convencido de que a maior parte das pessoas que Deus usa são as que vivenciaram mais adversidades. Isso não é necessariamente o que quero escrever, nem é necessariamente o que você quer ler, mas é verdade. A adversidade pode gerar uma capacidade cada vez maior para servir a Deus.

Perto da virada do século 20, Alfred Adler, psicanalista, conduziu um fascinante projeto de pesquisa que popularizou a teoria da compensação. Ele estudou alunos de arte e descobriu que 70% deles sofriam de anomalias óticas. Ele encontrou traços degenerativos no aparelho auditivo de compositores como Mozart e Beethoven. E ele mencionou inúmeras pessoas que, no fim, tornaram-se famosas na área de suas maiores fraquezas. Adler acreditava que defeitos congênitos, pobreza, doenças e circunstâncias negativas, com frequência, provam ser o trampolim para o sucesso.

Em quais covas você caiu? Quantos leões encontrou? Quantos gigantes enfrentou? Deus quer redimir a adversidade que você vivenciou. Ele quer reciclar sua adversidade e transformá-la em um ministério.

Conheço muitas pessoas cuja adversidade se tornou seu ministério. Elas passaram por um divórcio doloroso, pela morte de um filho ou por um vício destrutivo; contudo, Deus ajudou-as a sair da cova para que pudessem ajudar outras pessoas em situações semelhantes.

Deus atua na tarefa de reciclar nosso sofrimento a fim de revertê-lo em benefício de alguém.

Perguntaram a Carl Jung, influente psicanalista, ao se aposentar de sua carreira de aconselhamento, como ele ajudava as pessoas a ficar bem. A resposta foi profunda.

A maioria das pessoas vinha a mim com um problema intransponível. Contudo, o que acontecia é que elas, por meio de nosso trabalho juntos, descobriam alguma coisa mais importante que o problema, e este perdia seu poder e saía do caminho.

Bem, vejamos o que você precisa entender: se você não transformar sua adversidade em um ministério, então sua dor permanece sua dor. Não obstante, se você permite que Deus transforme sua adversidade em um ministério, então sua dor transforma-se no benefício de outra pessoa.

Tenho uma teoria: quanto mais problemas você tem, mais potencial tem para ajudar os outros.

Um dos erros mais paralisantes que cometemos é pensar que, de algum modo, nossos problemas nos desqualificam para sermos usados por Deus. Deixe-me apenas dizer como isso funciona: se você não tiver nenhum problema, não tem nenhum potencial. Eis a razão para isso. Sua habilidade para ajudar a curar os outros está limitada a quanto você foi ferido.

> [Deus] nos consola em todas as nossas tribulações, para que, com a consolação que recebemos de Deus, possamos consolar os que estão passando por tribulações. (2Coríntios 1.4)

Ninguém estende o tapete vermelho e convida a tragédia para entrar em sua vida; todavia, nossos maiores dons e paixões, com frequência, são subprodutos das piores tragédias e fracassos que sofremos. As provações têm uma maneira de nos fazer redescobrir nosso propósito na vida.

Remodele

Quando estava no segundo ano do ensino médio, quebrei meu tornozelo jogando basquete. Na verdade, apenas corria pela quadra em um de nossos treinos e tropecei em uma corda que estava jogada no chão. Meu ego doeu mais que meu tornozelo! Passei o mês seguinte engessado e lembro-me de questionar Deus. Afinal, ele podia ter impedido que isso acontecesse. No entanto, o tornozelo quebrado mostrou ser uma bênção disfarçada.

Quando quebrei o tornozelo esquerdo, fiquei quatro semanas engessado e passei esse tempo pulando com a perna direita. A escola tinha três andares, e parecia que naquele semestre todas as minhas aulas alternavam entre os andares. Por isso, depois de cada aula, eu subia e descia as escadas pulando para chegar à aula seguinte. Eu fiquei parecendo um pula-pula durante um mês.

Bem, vamos ao fato: havia anos que eu tentava enterrar uma bola na cesta. Isso era meu santo graal. E, ironicamente, foi necessário eu quebrar o tornozelo para conseguir realizar esse objetivo pela primeira vez. O que parecia um revés se tornou um trampolim para a conquista do meu alvo. Enterrei minha primeira bola na cesta de basquete enquanto tinha gesso na perna esquerda. Eis o que aconteceu: meu corpo simplesmente compensou sua fratura. Quando você está machucado em alguma parte, tem de extrair mais força de outra parte. Minha perna direita ficou mais forte por compensar meu tornozelo esquerdo quebrado. Na verdade, foi a fratura que aumentou minha capacidade.

No mundo do treinamento de força muscular, isso leva o nome de o princípio da supercompensação. Quando o atleta é forçado além do limite da dor e da exaustão, o corpo compensa com excesso. Quanto mais um músculo entra em colapso, mais ele se estrutura. O mesmo é verdade em relação aos nossos ossos. Os 206 ossos do corpo passam constantemente pelo processo chamado remodelação. Eles entram em colapso por causa do osteoclasto e se estruturam por causa do osteoblasto. O processo de remodelação é intensificado quando o osso se quebra. Osteoblastos extras ajudam a reconstruí-lo. Há um período de fraqueza em que o osso fica mais suscetível de sofrer um novo traumatismo. Por isso, usamos gesso. Contudo, o osso fica mais forte que antes porque o corpo compensa essa fraqueza com excesso. É muito raro um osso se quebrar duas vezes no mesmo lugar, pois ele fica mais grosso e mais forte do que era antes de quebrar.

Quase como o osso quebrado que precisa ser recomposto, Deus quebra-nos na área em que precisamos ser quebrados. Ele fratura o orgulho, a luxúria e a raiva da nossa vida, mas faz isso para nos remodelar à imagem dele. E, uma vez que estejamos curados, ficamos mais forte do que éramos antes.

> Pois a vocês foi dado o privilégio de não apenas crer em Cristo, mas também de sofrer por ele. (Filipenses 1.29)

A expressão "dado o privilégio" vem da raiz grega *charizomai*, cujo sentido literal é "conceder um favor". De início, isso soa engraçado, mas é quase como se Deus dissesse: "*Escute, concedo-lhe um favor. Deixe-me deixá-lo sofrer*". Tendemos a entender o sofrimento, na melhor das hipóteses, como um mal necessário; contudo, Paulo chama-o de favor divino. E, para Paulo, isso não é teoria.

> Cinco vezes recebi dos judeus trinta e nove açoites. Três vezes fui golpeado com varas, uma vez apedrejado, três vezes sofri naufrágio, passei uma noite e um dia exposto à fúria do mar. Estive continuamente viajando de uma parte a outra, enfrentei perigos nos rios, perigos de assaltantes, perigos dos meus compatriotas, perigos dos gentios; perigos na cidade, perigos no deserto, perigos no mar, e perigos dos falsos irmãos. (2Coríntios 11.24-27)

Ninguém teve mais problemas que Paulo. Ninguém vivenciou mais adversidade. Todavia, Deus usou a adversidade para aperfeiçoar a capacidade dele. Quanto mais problemas, mais potencial você tem.

Não estou sugerindo que você convide a adversidade a entrar em sua vida. Por tudo que sei, é provável que a luta de Benaia com os moabitas e os egípcios tenha sido autodefesa. No entanto, ele reconhecia que aquelas condições adversas serviam ao propósito de Deus. E elas serviram. Foi a forma como Benaia lidou com a adversidade que o levou as suas promoções militares. Cada situação adversa faz parte da remodelação de Deus em sua vida. Deus pavimentou o caminho de Benaia com aquelas situações a fim de remodelá-lo para a guarda pessoal de Davi, para o comando do exército e, por fim, para a função de comandante-em-chefe.

Você já foi quebrado? Que circunstâncias adversas você enfrenta neste momento? Você tem algum problema esmagador?

Talvez Deus esteja remodelando-o. Talvez Deus esteja aperfeiçoando sua capacidade por meio da adversidade. Talvez o problema que achou que jamais conseguiria superar se transforme em uma oportunidade de 226 quilos.

Revisão do capítulo 4

Pontos a lembrar

- As oportunidades, muitas vezes, parecem obstáculos intransponíveis.
- Um dia, agradeceremos tanto pelas coisas ruins como pelas boas, pois são as ruins que nos preparam para as boas.
- Talvez devamos parar de pedir a Deus que nos *tire* de circunstâncias difíceis e começar a perguntar o que ele quer que *tiremos* de tais circunstâncias.
- Talvez a oração diga menos quanto a mudar nossa circunstância que a mudar nossa perspectiva.
- Deus quer que aprendamos a ver as experiências ruins por meio do benefício que ganhamos com elas.
- Deus atua na tarefa de reciclar nosso sofrimento a fim de revertê-lo para o benefício de alguém.

Inicie sua caçada

Mark diz que "as circunstâncias das quais você se queixa se tornam a corrente que o aprisiona. E a adoração é a saída". A adoração é a melhor forma de recompor o problema. Mencione uma área de sua vida em que você pode começar neste instante a substituir a queixa pela adoração.

CAPÍTULO 5

Incerteza garantida

*Ter certeza acerca de Deus significa incerteza
acerca de todos os nossos caminhos; não sabemos
o que o dia pode reservar. Em geral, isso é dito
com um suspiro de tristeza; mas deveria ser
uma expressão de entusiasmada expectativa.*

OSWALD CHAMBERS

Tenho certeza de uma coisa: Benaia não acordou no dia do seu encontro com o leão e o planejou em cada detalhe. O encontro não estava programado em sua agenda eletrônica. Não estava na lista de coisas a fazer. Não sei nem mesmo se estava na lista de desejos que ele tinha. Esse encontro foi tão acidental quanto uma dor de dente.

É muito fácil ler a respeito de um evento que ocorreu há 3 mil anos e não perceber o elemento surpresa, pois sabemos como a história termina. Lemos a história e pensamos que o resultado era inevitável. Os psicólogos chamam isso de "visão em retrospectiva tendenciosa". É o sentimento exagerado de ser capaz de prever um evento antes mesmo de ele acontecer de verdade. Jogamos na posição do zagueiro de segunda-feira cedo quando lemos a Escritura. Mas você, para avaliar de verdade a fé de Benaia, precisa sentir o que ele *sentiu* antes de matar o leão.

Se você se puser no lugar dele, vivenciará uma mistura de emoções. E, entre elas, um alto grau de incerteza emocional. Matar o leão não foi uma conclusão antecipada. Na verdade, provavelmente era uma improbabilidade estatística. Uma luta mão a mão com outro ser humano é uma coisa. Os seres humanos têm tendências. Você pode prever o soco e pode contra-atacar com um grau muito maior de certeza. Mas animais selvagens tendem a ser volúveis e imprevisíveis. Os atos e reações deles são menos previsíveis. Além disso, você tem de levar em conta as condições topográficas, psicológicas e atmosféricas. Quão forte estava a nevasca? A neve era compacta ou escorregadia? Como estava o piso da cova? E a visibilidade? A que horas do dia isso aconteceu? Quão faminto estava o leão? Quão bem Benaia dormira naquela noite? Ele comera seus cereais naquela manhã?

Há milhares de variáveis, e todas elas resultam em uma coisa: um resultado incerto. A coisa podia ter seguido qualquer caminho. Cara ou coroa.

Tenho certeza de que Benaia tinha um senso de destino. Mas um senso de destino acompanhado de um grau de incerteza. Benaia não sabia se perderia ou venceria, se viveria ou morreria. Mas sabia que Deus estava com ele.

Benaia poderia ter fugido do leão. E fugir reduziria a incerteza e aumentaria a segurança. Mas caçadores de leão são contraintuitivos. Eles não têm medo de aventuras fora do mapa, em áreas incógnitas. O desconhecido não os assusta. Ele os chama como um amor perdido há muito tempo ou um sonho de infância. A segurança, em um sentido, assusta mais os caçadores de leões que a incerteza.

Recentemente, tive uma conversa com Kurt, um amigo que ensinava informação tecnológica em uma das mais respeitadas universidades do país. O magistério tem muitos privilégios. Ele estava a caminho da estabilidade no cargo. Ele sabia exatamente o que estivera fazendo nos dez anos de carreira. E recebia muito bem. Dinheiro garantido. Você acharia que esse tipo de segurança no trabalho resultaria em contentamento vocacional, mas meu amigo é um perseguidor de leões. O futuro dele estava definido demais, muito previsível e muito seguro. Por isso, Kurt decidiu perseguir um leão. Ele iniciou um empreendimento na Internet e apresentou seu pedido de demissão. Menos de um ano depois, ele está ajudando o mundo a alcançar a felicidade digital e liderando a revolução do MP3. Seu salto de fé foi recompensado com o aumento do capital inicial para uma quantia de oito dígitos.

A decisão de Kurt, em certo sentido, parecia um movimento louco. Ele, no sentido literal do termo, estava fugindo da segurança financeira de uma carreira estável de magistério para perseguir um sonho incerto de um empreendimento na Internet. No entanto, os perseguidores de leão têm mais medo de toda uma vida de arrependimento que da incerteza temporária. Eles não querem chegar ao fim da vida e ter um milhão de arrependimentos do tipo "e se". Por isso, eles perseguem leões. No curto prazo, isso aumenta a incerteza, mas, no longo prazo, diminui os arrependimentos.

Sei de pessoas diferentes que têm chamados diferentes. Sei de pessoas diferentes que têm personalidades diferentes. Mas também sei que abraçar a incerteza é uma dimensão da fé. E você, independentemente de seu chamado vocacional ou de sua posição relacional, tem de fazer algo contraintuitivo se quiser alcançar o potencial concedido por Deus e cumprir o destino estabelecido por ele. Às vezes, você tem de fugir da segurança e perseguir a incerteza.

Não foi isso que Jônatas fez quando deixou a segurança do campo israelita e escalou um despenhadeiro? O impasse militar estava deixando-o louco, por isso ele decidiu provocar uma briga com os filisteus. Amo o *modus operandi* dele: "Talvez o SENHOR aja em nosso favor" (1Samuel 14.6).

Não foi isso que Abraão fez quando deixou sua família e sua terra para perseguir a promessa de Deus? Em uma época em que as pessoas não viajavam para além do raio de 48 quilômetros em média de sua terra natal. Abraão abraçou a incerteza e aventurou-se em uma terra desconhecida. "Abraão [...] obedeceu [...] embora não soubesse para onde estava indo" (Hebreus 11.8).

Não foi isso que Noé fez quando construiu a arca? Noé foi alvo de riso por cento e vinte anos, mas abraçou a incerteza de uma previsão de tempo divina. "Noé fez tudo exatamente como Deus lhe tinha ordenado" (Gênesis 6.22).

Os perseguidores de leão desafiam o *statu quo*. Eles escalam desfiladeiros, mudam para um país estranho e constroem barcos no deserto. Os perseguidores de leão, com frequência, são considerados loucos, mas são capazes de fazer essas coisas porque não têm medo da incerteza. Eles não precisam saber o que acontecerá a seguir, pois sabem que Deus sabe isso. Eles não precisam de explicações para todos os desapontamentos, pois sabem que Deus tem um plano. Os perseguidores de leão recusam-se a sossegar, pois querem experimentar todas as voltas e reviravoltas que Deus tem guardadas para eles.

VOCÊ NÃO PODE PLANEJAR O PENTECOSTE

Eis um dos maiores erros que muitos de nós cometemos em nosso relacionamento com Deus: focamos nossa energia em dizer a Deus exatamente *o que fazer, como fazer* e *quando fazer*. Na verdade, repetimo-nos vezes sem-fim para ter certeza de que Deus não perdeu nenhum dos detalhes importantes. E se, em vez de gastar toda a nossa energia *fazendo planos para Deus*, nós a gastássemos *buscando a Deus*?

Não foi isso que aconteceu no dia de Pentecoste? Os discípulos não tinham um plano. Eles não tinham nenhuma pista do que aconteceria. Mas a incerteza, às vezes, força-nos a orar, já que os acontecimentos dependem de Deus. E foi isso que os discípulos fizeram durante dez dias.

> Chegando o dia de Pentecoste, estavam todos reunidos num só lugar. De repente veio do céu um som, como de um vento muito forte, e encheu toda a casa na qual estavam assentados. E viram o que parecia línguas de fogo, que se separaram e pousaram sobre cada um deles. Todos ficaram cheios do Espírito Santo e começaram a falar noutras línguas, conforme o Espírito os capacitava. (Atos 2.1-4)

Deus não poderia ter escrito o dia de Pentecoste melhor. Esse derramamento do Espírito aconteceu durante a festa de Pentecoste, em que os peregrinos judeus de todo o mundo antigo faziam a difícil viagem, às vezes a pé, até Jerusalém. E foram esses peregrinos que ouviram o evangelho em sua própria língua. Naquele dia, não só 3 mil pessoas foram batizadas, mas também 3 mil missionários foram comissionados para ir até os confins do mundo antigo.

Você não conseguiria coordenar um evento melhor que isso, mas aqui está o meu ponto: do ponto de vista dos discípulos, o dia de Pentecoste foi totalmente não-planejado. Não foi como se, naquela manhã, os discípulos tivessem acordado pensando: *Sinto que hoje falarei em uma língua estrangeira.* Eles não tinham parâmetros para o que estava para acontecer. Foi algo sem precedentes. Não foi como se tivessem um compromisso agendado com o Espírito Santo. Pedro não preparou o sermão de três pontos. E eles, com certeza, não empacotaram uma muda de roupa para o batismo.

Não tenho certeza de como o dia começou, mas estou convicto de que os discípulos apertaram três vezes o botão de soneca antes de levantar da cama, cantaram no chuveiro, vestiram as calças como todos nós, uma perna de cada vez, fizeram o café e leram o jornal *Jerusalem Post*.

Esse dia começou como qualquer outro dia.

Não tinha como eles preverem o que estava para acontecer. *Você não pode planejar o Pentecoste.* Mas, se você procura por Deus durante dez dias na sala do andar superior, o Pentecoste tem de acontecer.

Eis uma ideia para um romance: e se fizéssemos, de fato, o que eles fizeram na Bíblia? E se jejuássemos e orássemos por dez dias? E se buscássemos a Deus com aquela mesma intensidade, em vez de gastar toda nossa energia tentando eliminar as surpresas dele? Então, talvez vivenciássemos alguns milagres da Antiguidade.

Uma das percepções espirituais do ano passado foi pôr essa passagem em prática na National Community Church [Igreja Comunidade Nacional]. Jejuamos e oramos por dez dias culminando com o dia de Pentecoste. Foi nesse jejum de Pentecoste que identifiquei sete milagres que acredito que Deus realizará. Você está lendo um deles. E os outros seis estão no processo de ser concretizados. Honestamente, não tenho ideia de como alguns deles acontecerão. Um dos sete milagres que acredito que Deus realizará é que vivenciarei Atos dos Apóstolos 2.41 uma vez em minha vida. Não tenho ideia de como, nem quando, nem onde isso acontecerá, mas acredito que farei parte do batismo de 3 mil pessoas ao mesmo tempo e no mesmo lugar. Talvez eu persiga esse leão pelo resto da minha vida, mas é um leão que vale a pena perseguir.

O princípio da incerteza

Em 1932, Werner Heisenberg, físico alemão, ganhou o Prêmio Nobel por sua teoria da mecânica quântica. Mais tarde, outra de suas descobertas tornou-se uma das maiores revoluções científicas do século 20. Por centenas de anos, o determinismo governou a existência. Os físicos acreditavam em um universo com mecanismos mensuráveis e previsíveis. Mas Heisenberg puxou o tapete da comunidade científica.

Em poucas palavras, eis o "princípio da incerteza" de Heisenberg: não podemos determinar, ao mesmo tempo, a precisa posição e o movimento de uma partícula *quantum*. Eis a razão para isso. A matéria, às vezes, comporta-se como uma partícula — ela parece estar em um lugar em um determinado tempo. E a matéria, às vezes, comporta-se como uma onda — ela parece estar em diversos lugares ao mesmo tempo, quase como uma onda em um tanque. É a dualidade da natureza. Assim, o negócio é o seguinte: "A medição imprecisa das condições iniciais impede o prognóstico preciso de resultados futuros". Ou em termos leigos: sempre haverá um elemento de incerteza.

Temos um ditado em nossa família: "Você não pode nunca sempre algumas vezes afirmar". Sinceramente, não me lembro de onde isso surgiu nem de como começou. Por tudo que sei, esse pode ser um famoso aforismo. Mas é nossa versão familiar do princípio da incerteza.

A vida é infinitamente incerta. E você precisa casar isso com o fato de que Deus é infinitamente complexo.

Pense em Deus em termos de geometria fractal. Benoit Mandelbrot, pai da geometria fractal, descobriu que algumas formas, como as nuvens e o contorno de uma costa, são infinitamente complexas. Cada detalhe pode ser ampliado para revelar ainda mais detalhes *ad infinitum*. O termo técnico é "complexidade infinita". Os fractals são o equivalente teológico do que os teólogos chamam de a incompreensibilidade de Deus. Exatamente quando pensamos que compreendemos a Deus, descobrimos uma nova dimensão de sua personalidade caleidoscópica.

Assim, se a vida é infinitamente incerta, e Deus é infinitamente complexo, então tudo que podemos fazer é aceitar nossa finitude e abraçar a incerteza. Acho que muitas pessoas têm a noção errônea de que a fé reduz a incerteza. Nada poderia estar mais longe da verdade. A fé não reduz a incerteza. A fé abraça a incerteza.

Jamais teremos todas as respostas. E algumas pessoas jamais chegam a um acordo com essa verdade. Elas sentem como se houvesse algo errado com elas, pois não conseguem envolver Deus com sua mente finita. Contudo, talvez a fé tenha menos que ver com *adquirir conhecimento* e mais com *causar maravilhamento e espanto*. Talvez o relacionamento com Deus não simplifique nossa vida. Talvez ele complique nossa vida da maneira que ela deveria ser complicada.

Tudo que sei é isto: o casamento complica minha vida. Os filhos complicam minha vida. Pastorear uma igreja em crescimento complica minha vida. A riqueza complica os impostos, e o sucesso complica a agenda. Graças a Deus pelas complicações!

Da última vez que examinei a parábola dos talentos (Mateus 25.14-30), a recompensa pelo bom trabalho não era uma aposentadoria precoce nem férias extensas. A recompensa pelo bom trabalho era mais trabalho. As complicações, com frequência, são um subproduto da bênção.

O relacionamento com Deus complica sua vida, mas complica-a da forma como ela *deve* ser complicada. O pecado complica sua vida da forma como ela *não deveria* ser complicada. A vida, de um jeito ou de outro, é complicada. As complicações de Deus ou as complicações ruins — essa é a sua escolha.

Ainda estamos ali?

Quanto mais vivo, mais acho que a maturidade espiritual diz menos respeito a equacionar o futuro e mais respeito à sensibilidade, momento a momento, em relação ao Espírito de Deus. Não digo que não devemos fazer planos. Mas talvez você queira usar um lápis com borracha e ter uma máquina de picar papel à mão.

Tenho um lembrete tangível de como os planos mais bem elaborados de ratos e homens podem ser inúteis. Tenho um documento de

3 centímetros de grossura em um de meus arquivos. É o *meu* plano de vinte e cinco anos para nossa igreja fracassada da época em que me formei na faculdade. Não tivemos nem mesmo nosso primeiro culto, mas eu tinha todos os próximos 1.300 domingos planejados. Que piada. Sério! Você não pôde ouvir as risadas de Deus enquanto eu estava ocupado planejando? Se você quer que Deus dê uma boa gargalhada, entregue a ele uma descrição detalhada de onde você estará e o que estará fazendo daqui a vinte e cinco anos.

Dez anos atrás, a maioria de vocês jamais adivinharia que estaria fazendo o que faz hoje nem que estaria vivendo onde vive. E você, embora possa ter planos, não tem noção de como será a vida daqui a dez anos. Mas tudo bem. Apenas não acho que a maturidade espiritual resulte em um grau mais elevado de previsibilidade.

Não é como se Benaia tivesse uma estratégia ocupacional de vinte e cinco anos em vista.

> Passo 1: matar um leão em uma cova em um dia de neve.
> Passo 2: candidatar-me a um emprego como membro da guarda pessoal do rei de Israel.
> Passo 3: traçar meu caminho de graduação até me tornar o comandante-em-chefe do exército de Israel.

Não é assim que a vida funciona.

Acredito em planejamento. Acredito em estabelecer um objetivo. Mas existem algumas coisas que você não pode planejar nem prever. E isso deixa nossa parte compulsiva-obsessiva louca. Queremos ter controle, mas a decisão de seguir a Cristo é a renúncia ao controle. Seguir a Cristo é deixar Jesus assumir a direção. Claro, alguns de nós agimos como passageiros palpiteiros. Ou pior ainda, somos como criancinhas que deixam os pais loucos ao fazer a mesma pergunta vez após vez: "Já chegamos?".

Honestamente, acho que essa pergunta revela alguma coisa geneticamente ligada à psique humana. É um padrão. E, embora deixemos de atormentar nossos pais, jamais superamos o desejo de saber exatamente para onde somos conduzidos e quando chegaremos lá. Queremos um itinerário completo com tudo mapeado.

O que tento dizer de uma forma agradável é o seguinte: somos loucos por controle. Mas a fé envolve a perda do controle. E com a perda do controle vem a perda da certeza. Você nunca sabe quando um leão de 226 quilos pode atravessar seu caminho. E fé é a disposição e prontidão em abraçar as incertezas.

Deus marionete

A maioria de nós tem uma relação de amor/ódio com a incerteza. Odiamos as *incertezas negativas* — as coisas ruins que acontecem e não esperávamos que acontecessem. Não gostamos de cartões vermelhos, de auditores da Receita Federal nem de pneu furado. Não é divertido. Mas amamos as *incertezas positivas* — as coisas boas que acontecem sem ser esperadas. Flores sem nenhum motivo. Um abraço apertado dos filhos sem ter de pedir. Uma festa surpresa de aniversário. Mas, aí está o ponto: você não pode ter isso dos dois jeitos.

Há uma parte de nós que quer controlar Deus. Queremos puxar as cordas como se ele fosse uma marionete, mas nem mesmo Deus nos trata como marionetes. Parte de nós quer um Deus controlável, mas, se ele fosse controlável, seríamos infelizes. Você pode imaginar um mundo em que tudo que acontece estava previsto? Como isso seria aborrecido? Um mundo sem incerteza seria um mundo sem frio no estômago nem reviravoltas inesperadas.

Costumo odiar a incerteza, mas estou aprendendo a amá-la. É um gosto adquirido. Estou descobrindo que os mais extraordinários momentos da vida são inesperados. Eles são imprevisíveis, inesperados e impremeditados, e é justamente isso que os torna inesquecíveis.

Dois meses atrás, estávamos de férias em Orlando, Flórida. Certa manhã, nós estávamos parados em um farol vermelho com nossa perua alugada. O sinal ficou verde, e o carro a nossa frente não andou, então decidi dar um "batidinha amorosa" na buzina. No entanto, quando apertei a buzina, ela travou e não consegui pará-la. As pobres pessoas a nossa frente! Devem ter pensado que eu era um louco lunático!

Entrei logo em um posto de gasolina, enquanto todos olhavam fixamente para nós. Estávamos mortificados, mas felizmente a buzina parou de tocar quando desliguei o motor da perua. Então, liguei a perua de novo e fomos para a autoestrada. Cerca de três quilômetros adiante, a buzina começou a tocar de novo sem que eu nem mesmo encostasse a mão nela. Palavra de escoteiro. Assim, seguíamos pela autoestrada a 112 quilômetros por hora tocando a buzina para todos. Não sei ao certo o que as pessoas acharam daquilo, mas sentia como se gritássemos para elas: *Saia da minha pista, animal! Essa estrada é nossa!*

Honestamente, não sabia o que fazer. Não aprendi o que fazer com o mal funcionamento de buzinas em minhas aulas de direção. Então, fiz o que sempre faço quando alguma coisa quebra: dei um golpe nela. Logo que bati, ela parou de tocar por alguns segundos. Depois, ela começou a tocar de novo, mas de forma intermitente, só esporadicamente.

Classificaria aquele trajeto de quinze minutos como uma de minhas experiências mais caóticas como motorista. Mas sabe de uma coisa? Meses depois, ainda ríamos do incidente. Na verdade, acho que meus filhos jamais esquecerão o infame acidente da "buzina disparada".

A maioria de nossas viagens é planejada. Planejamos nadar. Planejamos pegar lagartixas. Planejamos visitar o Reino Mágico. E todas essas atividades planejadas foram ocasiões agradáveis. Mas o ponto alto da viagem foi totalmente acidental. Você não pode planejar o mau funcionamento de uma buzina. Mas o mau funcionamento da buzina provocou mais risadas que todo o resto da viagem.

Eis o meu ponto: algumas das melhores coisas da vida são totalmente imprevisíveis e acidentais.

Não sou crítico de cinema, mas, em minha modesta opinião, os melhores filmes têm o mais alto grau de incerteza. Quer a incerteza seja romântica quer dramática, os roteiros com maior grau de incerteza dão os melhores filmes. Na mesma linha de pensamento, acho que altos graus de incerteza formam vidas melhores.

Você não leria um livro sobre Benaia, um guarda pessoal, se não fosse pelo alto grau de incerteza que ele vivenciou. Se Benaia tivesse evitado as circunstâncias de incerteza registradas na Bíblia, ele jamais faria parte da corte canônica. Benaia seria tirado do roteiro.

Fé é abraçar as incertezas da vida. É perseguir os leões que atravessam seu caminho. É reconhecer uma designação divina quando a vê.

Chama-se *romance* abraçar a incerteza relacional. Chama-se *mistério* abraçar a incerteza espiritual. Chama-se *destino* abraçar a incerteza ocupacional. Chama-se *alegria* abraçar a incerteza emocional. Chama-se *revelação* abraçar a incerteza intelectual.

A grande casca de banana

Não posso prometer que ser um seguidor de Cristo diminuirá a incerteza de sua vida. Na verdade, temos um valor essencial na National Community Church: espere o inesperado. Esse valor fundamenta-se no fato de que Jesus era e é previsivelmente imprevisível. Você tem lido os evangelhos nos últimos tempos? Mais da metade do tempo, Jesus diz e faz o oposto do que os discípulos esperam que ele faça e diga. Não há nenhum momento maçante quando você segue as pegadas de Cristo.

Você nunca sabe quem vai encontrar, o que vai fazer nem para onde irá. Você realmente acha que aqueles simples pescadores imaginaram que conheceriam reis, viajariam para todos os cantos do mundo antigo e revolucionariam o mundo? De jeito nenhum! Mas, quando você segue Jesus, todas as apostas são inúteis. Tudo pode acontecer. E é isso que torna a aventura tão incerta — e tão estimulante.

Jesus jamais prometeu segurança. O que ele prometeu foi incerteza:

> As raposas têm suas tocas e as aves do céu têm seus ninhos, mas o Filho do homem não tem onde repousar a cabeça. (Mateus 8.20)

Não estou convencido de que seguir a Cristo não reduz a incerteza *circunstancial*. Acho que reduz a incerteza *espiritual*. Penso que podemos encontrar o que a Escritura chama de "a paz [...] que excede todo o entendimento" (Filipenses 4.7). Penso que podemos *saber que sabemos* que somos filhos de Deus, que nossos pecados estão perdoados, e que passaremos a eternidade no céu. Mas seguir a Cristo, na verdade, pode aumentar as incertezas em outras áreas de nossa vida.

Seguir a Cristo é semelhante a rastrear uma raposa ou perseguir um pássaro: você nunca sabe onde isso o levará. Jesus nem mesmo sabia onde estaria no fim de cada dia. Seus discípulos aprenderam a abraçar a incerteza diária que fazia parte de seguir a Cristo e era uma parcela disso.

Sei que parte de nós quer que Deus nos leve a uma peça de três atos com um enredo bem definido que tem começo, meio e fim. Mas Jesus, em vez disso, leva-nos ao improviso. Queremos o roteiro inteiro antes, mas isso solaparia nossa dependência do Espírito Santo. Seguir a Jesus e manter-se em compasso com o Espírito requer a arte da improvisação. Temos de desenvolver uma afinidade com a incerteza e aprender a usufruir a jornada.

Amo a forma como Robert Fulghum descreve a incerteza em seu livro *Do começo ao fim*.[1] Fulghum compartilha a preleção que faz para o noivo e a noiva pouco antes da cerimônia de casamento. Eles planejaram o casamento até o último detalhe. Eles querem que tudo saia exatamente conforme o planejado. Todavia, Fulghum lembra-os de uma verdade simples: "Os casamentos são muito parecidos com qualquer outra ocasião da vida. Tudo pode acontecer. A grande casca de banana da existência sempre está ali, em algum lugar no chão".

Às vezes, as coisas saem muitíssimo errado. As coisas deram errado no casamento em Caná. É provável que o fato de o vinho acabar resultou na primeira discussão marital entre a noiva e o noivo. *Pensei que você tivesse pedido o vinho, doçura! Não, eu disse para você fazer isso, querido!* Mas esse percalço estabelece o cenário para o primeiro milagre de Jesus, certo? Se tudo tivesse corrido de acordo com o planejado, Jesus jamais teria transformado a estrutura molecular da água em vinho (João 2.1-11). *Sem problemas é igual a sem milagres.*

Agora, deixe-me girar a moeda. Robert Fulghum reconhece que tudo pode dar errado. No entanto, ele também diz que tudo pode dar certo. "Às vezes, o inesperado é um momento inesquecível que transforma o casamento padrão em uma experiência memorável. As mais doces lembranças raramente são resultado de planejamento."

Realizei muitos casamentos, e meus momentos preferidos quase sempre estavam fora do roteiro. Amo quando a noiva e o noivo vivenciam o que chamaria de emoções espontâneas enquanto fazem seus votos. Amo quando o tio maluco faz sua dança maluca na recepção do casamento. E todos nós temos um tio assim, não é mesmo? Amo as damas de honra que vão à frente da noiva com flores, e os pajens que carregam as alianças; a melhor idade para eles é por volta dos 3 anos.

---

[1] Fulghum, Robert. *Do começo ao fim*. SP/RJ: Best Seller, 1995.

Não há ensaio suficiente para eliminar o elemento incerteza enquanto eles caminham pela nave central da igreja. E, por favor, perdoe-me por isso, mas amo quando alguém desmaia em um casamento. Sem dúvida, não quero que ninguém se machuque, mas isso acrescenta tanto à cerimônia!

Muitos anos atrás, eu estava no casamento de um amigo, e a dama de honra que fazia par comigo desmaiou. Foi surreal. Lembro-me de ficar de pé lá e sentir como se tudo acontecesse em câmara lenta. Foi um momento *Matrix*. Todos esses pensamentos me vieram à mente enquanto ela caía. *Nunca vi ninguém desmaiar. Queria saber se machuca quando você chega ao chão. O que será que o noivo e a noiva pensarão?* Claro que o pensamento que não me ocorreu foi: *Talvez eu devesse segurá-la.* Apenas assisti a ela cair como uma árvore que fora cortada!

Queremos naturalmente que tudo corra de acordo com o planejado, mas o elemento surpresa inspira muita alegria na vida. Agradeça a Deus pela incerteza e pelo imprevisível. A alternativa a isso é a monotonia.

Estilo expositivo

No fim do dia, o abraçar a incerteza diz respeito a nossa perspectiva sobre a vida. (E não é assim com tudo?) Acreditamos, de fato, que Deus ordena cada passo, até mesmo quando sentimos como se estivéssemos dando o passo errado? Acreditamos, de fato, que Deus é soberano quando nada parece sair do nosso jeito? Acreditamos, de fato, que Deus é bom mesmo quando coisas ruins nos acontecem?

É a soberania de Deus que nos dá o senso de destino. E é o senso de destino que nos ajuda a abraçar as incertezas positivas e negativas que acontecem em nossa vida.

O dr. Martin Seligman, em seu livro *Aprenda a ser otimista* (Nova Era, 2004), diz que todos nós temos o chamado "estilo expositivo" para relatar as experiências da vida: "O estilo expositivo é a forma como você habitualmente explica para você mesmo por que os eventos acontecem".[2]

Deixe-me extrapolar.

Você está em um restaurante à espera de sua(seu) namorada(o). Vocês deviam se encontrar às 19h em ponto; contudo, quarenta minutos depois sua(seu) namorada(o) não apareceu. Em algum momento, você tem de explicar para você mesmo o porquê disso. Talvez você pense: *Ele me deixou na mão*, e isso a deixa louca. Ou você pula direto para a conclusão: *Ela não me ama mais*, o que o deixa triste. Você podia pensar: *Ele teve um acidente*, o que a deixa ansiosa. Talvez você pense: *Ela está fazendo hora extra, por isso não pôde vir ao nosso jantar*, o que o faz se sentir agradecido. (Ingênuo, mas agradecido.) Você pode pensar: *Ela está com outro homem*, o que o deixa com ciúmes. Ou você pode pensar: *Isso me dá a desculpa perfeita para terminar com ele*, o que a deixa aliviada.

A mesma situação. Explicações muito distintas.

Há muitas explicações diferentes para cada experiência. E embora você não possa controlar suas experiências, pode controlar as explicações. E a verdade é esta: suas explicações são mais importantes que suas experiências. Nas palavras do dr. Seligman: "A forma como você explica os eventos para si mesmo determina quão desamparado você se torna ou quão revitalizado, quando se depara com os reveses do dia-a-dia e também quando enfrenta as derrotas momentâneas".[3]

---

[2] SELIGMAN, Martin. *Aprenda a ser otimista*. SP/RJ: Nova Era, 2004.
[3] Idem, ibidem, p. 16.

O livro de Gênesis apresenta uma das histórias mais trágicas da Escritura (Gênesis 37-50). Quando José era adolescente, seus irmãos encenaram sua morte e o venderam como escravo. Isso provocaria psicopatologia suficiente para perdurar pelo resto da vida de algumas pessoas, mas foi apenas o topo da pirâmide para José. Quando resistiu aos apelos sexuais da esposa de Potifar, ele foi injustamente lançado em um calabouço egípcio sob a acusação de tentativa de estupro. Durante treze anos, as coisas foram de mal a pior. Todavia, José jamais perdeu a fé, pois sua fé não dependia das suas circunstâncias. Após treze anos do que parecia só má sorte, José interpretou um sonho e foi de prisioneiro a primeiro-ministro do Egito, o que deve ter sido a subida ao poder público mais abrupta da história.

José poderia ter levantado inúmeras explicações para suas experiências quando as coisas não saíram do jeito que queria. *Deus me abandonou. Deus está com raiva de mim. Deus me esqueceu. Deus desistiu de mim.* Contudo, Gênesis 50.20 apresenta a explicação de José. Ele olha em retrospectiva e reflete a respeito de todas as disfunções, de todas as injustiças, de todas as traições e de todo o sofrimento. E diz aos seus irmãos, aos mesmos que encenaram sua morte e o venderam como escravo:

> Vocês planejaram o mal contra mim, mas Deus o tornou em bem, para que hoje fosse preservada a vida de muitos.

Esse único versículo resume a percepção de vida de José e revela seu estilo expositivo. José foi capaz de entender o propósito de Deus em suas experiências passadas. Gênesis 50.20 é a lente através da qual cada um de nós deveria entender nosso passado, presente e futuro. O caminho de todos está forrado de escombros, disfunções e desapontamentos. Todos nós já fomos julgados de forma errônea ou enganados. E isso acontecerá muitas vezes mais antes que nossa vida acabe. Todavia,

Deus está trabalhando nessas experiências a fim de nos preparar para oportunidades futuras.

Perguntas irrespondíveis

Não muito tempo atrás, minha filha Summer fez uma pergunta inesperada, assim sem mais nem menos: "Pai, por que Deus criou os mosquitos?". Essa é uma pergunta difícil. Elaborei uma resposta um tanto capenga como: "As lagartixas os comem". Mas, para ser totalmente honesto, não estou certo do motivo de Deus ter criado os mosquitos. Não gosto deles. Não perco o sono com essa pergunta, mas acho que essa é uma daquelas perguntas irrespondíveis. A propósito, Summer também disse: "Faz dois anos que espero para fazer essa pergunta para Deus".

Todos nós temos perguntas que queremos apresentar para Deus, certo?

E a maioria delas não é inocente como a de minha filha: "Por que Deus fez os mosquitos?". Temos perguntas perniciosas que se espalham por metástase. *Como Deus permitiu que meu cônjuge me deixasse assim? Por que meu filho é aquele entre 10 milhões que tem uma rara desordem genética degenerativa? Por que ninguém faz nada para acabar com o abuso?*

Incertezas positivas produzem alguns dos momentos mais alegres da vida, mas não queira dar luz às incertezas negativas.

Elas são dolorosas e estressantes.

Talvez você esteja enfrentando a incerteza relacional chamada divórcio. Ou talvez você tenha muitas perguntas irrespondíveis que estão causando incerteza espiritual.

Algum dia, Deus responderá a todas nossas perguntas perniciosas. Algum dia, Deus resolverá todos os nossos paradoxos espirituais. Nesse meio tempo, tenho Deuteronômio 29.29 arquivado para as coisas que não entendo.

> As coisas encobertas pertencem ao SENHOR.

Em algum ponto de nossa jornada, colidimos com algo chamado realidade. E, em geral, isso acontece quando estamos correndo a 100 quilômetros por hora sem cinto de segurança! O resultado é uma chicotada espiritual. As respostas simples não satisfazem, e Deus não cabe na bela e esmerada caixa em que costumava caber. O termo psicológico para essa experiência é "dissonância cognitiva". Vivenciamos conflitos psicológicos que resultam em crenças incongruentes. Em outras palavras, acontece algo que não harmoniza com o que acreditamos.

A dissonância vem em dois sabores principais: perguntas irrespondíveis e experiências inexplicáveis. E experimento muito dos dois sabores.

Uma de minhas perguntas irrespondíveis é por que meu sogro, Bob, morreu no auge de sua vida. Não só perdemos um pai, mas também perdi meu mentor no ministério. Não poderia fazer o que estou fazendo se não fosse por sua influência em minha vida. Bob implantou e, depois, pastoreou por mais de trinta anos a Calvary Church [Igreja do Calvário] em Naperville, Illinois. E Deus usou-o de forma profunda para impactar milhares de vidas.

Em janeiro de 1988, Bob fez um exame médico de rotina, o médico deu-lhe um atestado completo de saúde; ele disse, sem tirar nem pôr, que um caminhão poderia passar pelas artérias dele. Uma semana depois, ele morreu de ataque cardíaco. Lembro-me de ter dois sentimentos distintos. Lembro-me de me sentir *impotente*. Não havia nada que pudesse fazer para trazê-lo de volta. E lembro-me de me sentir *arrasado*. Você quase chega a um estado de choque por vivenciar essa sobrecarga emocional. A dor é consumidora. Se você já perdeu um ente querido, conhece o sentimento. Durante o funeral, percebi que não conseguia parar de gemer. Mais tarde, entendi aquele gemido como uma forma que usamos para processar a dor. É uma resposta psicológica ao estresse. Não sabia como desabafar ou verbalizar o que sentia, então gemi.

Foi nessa época que descobri o salmo que agora é um dos meus favoritos:

> Escuta, SENHOR, as minhas palavras, considera o meu gemer. (Salmos 5.1)

Essa pequena frase — "considera o meu gemer" — tornou-se uma fonte de força para mim. Não sabia como orar nem o que dizer, mas sabia que Deus considerava o meu gemer. Mesmo quando não conseguimos pôr nossa frustração, raiva, dúvida, desencorajamento ou dor em palavras, Deus escuta e traduz aqueles sinais de baixa frequência de angústia que nós chamamos de gemidos.

Talvez a oração seja muito mais que a combinação das 26 letras do nosso alfabeto em palavras? Amo a percepção de Ted Loder em *Guerilla of Graces* [Guerrilhas de graça]

> Como devo orar?
> Lágrimas são oração, Senhor?
> Gritos são oração,
> Ou suspiros
> Ou gemidos
> Ou maldições?
> Mãos trêmulas levantadas para o Senhor
> Ou punhos fechados
> Ou o suor frio que escorre em minhas costas

Ou a cólica que contorce meu estômago?
O Senhor aceitará minhas preces, Deus,
Minhas preces reais,
Enraizadas na sujeira, no barro e na pedra da minha vida,
E não apenas o buquê de palavras arranjadas de forma bonita,
Florido e gracioso?
O Senhor me aceitará, Deus,
Como realmente sou,
Uma mistura de glória e sujeira?[4]

Às vezes, parece que Deus não está escutando, mas ele considera cada gemido. E não apenas isso, ele intercede por nós dia e noite. A Escritura diz que Deus ora por nós com gemidos inexprimíveis e suspiros sofridos.

> Da mesma forma o Espírito nos ajuda em nossa fraqueza, pois não sabemos como orar, mas o próprio Espírito intercede por nós com gemidos inexprimíveis. (Romanos 8.26)

Eis um pensamento incrível: muito antes de você acordar essa manhã, o Espírito Santo intercedia por você. E, muito antes de ir para a cama essa noite, o Espírito Santo ainda estará intercedendo por você. Isso deve mudar a forma como acordamos e dormimos. Isso deve nos dar coragem para perseguir leões.

Ligue os pontos

O maior risco para sua saúde espiritual é pensar que seu passado é puro acaso ou que seu futuro está apenas ao sabor do destino. Não

---

[4] LODER, Ted. *Guerillas of Grace: Prayers for the Battle.* Filadélfia: Innisfree Press, 1984, p. 69.

é nada disso. Não posso prometer que tudo fará sentido desse lado da eternidade, mas isso não deve abalar nossa confiança, pois nossa confiança não depende de nossas circunstâncias. Ela depende do caráter de Deus. Nossas circunstâncias podem não fazer sentido, mas sabemos que Deus está planejando sua obra e realizando seu plano.

Quando eu tinha 5 anos, nossa família assistiu a um filme chamado *The Hiding Place* [*O refúgio secreto*]. O filme documentava a história de uma mulher, Corrie ten Boom, que sobreviveu de forma milagrosa aos campos de concentração nazistas. Foi após assistir a esse filme que dei meu primeiro passo em direção à fé. Aquela noite, quando minha mãe me pôs na cama, perguntei-lhe se podia pedir que Jesus entrasse em meu coração.

Pergunto-me muitas vezes se Corrie questionou Deus. Ela deve ter questionado. A família dela escondia judeus. *Por que Deus permitiu que eles fossem capturados?* O pai e a irmã dela morreram nos campos de concentração. *Como Deus deixou isso acontecer?*

Corrie costumava falar para plateias a respeito de suas terríveis experiências no campo de concentração, e ela, com frequência, olhava para baixo enquanto falava. Ela não estava lendo suas anotações. Na verdade, ela trabalhava em um bordado. Corrie, depois de compartilhar a dúvida, a raiva e a dor que vivenciou, revelava o bordado. Ela levantava o avesso dele a fim de mostrar uma mistura de cores e fios em que era impossível discernir um padrão. E ela dizia: "É assim que vemos nossa vida". A seguir, ela virava o bordado do lado direito a fim de mostrar o desenho, e concluía com estas palavras: "É assim que Deus vê nossa vida e, algum dia, teremos o privilégio de ver do ponto de vista dele".

Corrie poderia questionar por que sofreu nos campos de concentração. Isso não fazia sentido. Isso era injusto. O que sei é isto: Deus, de alguma maneira, usou o sofrimento de uma mulher chamada Corrie ten Boom, que vivia na Holanda em 1944, para levar, mais de trinta e cinco anos depois, um menino de 5 anos chamado Mark Batterson, que vivia no Mississippi, Minnesota, a Cristo. Sou beneficiário das perguntas irrespondíveis e das experiências inexplicáveis de Corrie ten Boom.

Algumas de nossas experiências não fazem sentido desse lado da eternidade, todavia, os perseguidores de leão sabem que Deus liga os pontos de forma que eles não podem compreender. Os perseguidores de leão são humildes o bastante para deixar Deus dirigir as tomadas e bravos o suficiente para ir aonde ele os leva.

Revisão do capítulo 5

Pontos a lembrar

- Você tem de fazer algo contraintuitivo se quiser alcançar o potencial concedido por Deus e cumprir o destino estabelecido por ele.
- Pare de gastar toda sua energia *fazendo planos para Deus*, gaste sua energia *buscando a Deus*.
- Fé é abraçar a incerteza.
- Seguir a Cristo reduz a incerteza *espiritual,* mas não reduz a incerteza *circunstancial*.
- Suas explicações são mais importantes que suas experiências. E, embora você não possa controlar suas experiências, pode controlar as explicações.
- Algumas de nossas experiências não fazem sentido desse lado da eternidade, todavia, os perseguidores de leão sabem que Deus liga os pontos de forma que eles não podem compreender.

Inicie sua caçada

Que perguntas você tem para Deus em seu próprio arquivo Deuteronômio 29.29 ("As coisas encobertas pertencem ao Senhor.")? O que você pode fazer para se ajudar a aceitar o fato de que talvez elas não sejam respondidas durante sua vida?

CAPÍTULO 6

É arriscado jogar seguro

Daqui a vinte anos, você estará mais desapontado com as coisas que não fez que com as que fez. Por isso, solte as amarras. Veleje para longe da segurança do porto. Pegue o vento alísio em seu veleiro. Explore. Sonhe. Descubra.

MARK TWAIN

Tenho um amigo, Lee, que pastoreia uma das igrejas que mais depressa crescem nos Estados Unidos. Ele não parece um pastor típico. Não se veste como um pastor típico. E não teve treinamento formal para o ministério. Mas conheço poucas pessoas que são usadas por Deus como meu "não-qualificado" e "inexperiente" amigo. E tudo isso começou com um risco calculado que ele assumiu há dez anos.

Lee era um executivo da Microsoft que recebia um salário na faixa dos seis dígitos, mas, ainda mais relevante, ele acumulou 16 mil fundos de ações avaliados em diversos milhões de dólares. E foi quando ele começou a sentir o chamado de Deus para implantar uma igreja. Tenho certeza de que meu amigo poderia ter arrumado milhões de desculpas para não perseguir seu chamado. Na verdade, o chefe dele ofereceu uma promoção e até mesmo um aumento salarial para que ele continuasse na Microsoft. Mas meu amigo deixou o emprego e assumiu uma posição para implantar igreja, e isso lhe rendia 26 mil dólares por ano. Ele não só assumiu um corte no salário, como também perdeu seu fundo de ações.

Bem, eis o que balançou meu mundo. Lee, ao desistir de sua opção de 16 mil ações, fez um pedido a Deus: "Dê-me uma alma por ação de que estou desistindo". Deus está a caminho de responder a essa oração. Na última contagem da igreja em que ele serve como pastor, a proporção de comparecimento é de 6 mil pessoas por semana.

Então, por que Deus usa Lee de uma forma tão profunda? Acho que Deus o usa pelo mesmo motivo que usou Benaia, Neemias ou Abraão. Examine as páginas da Escritura e descobrirá que Deus usa pessoas que assumem riscos. Benaia arriscou sua vida ao perseguir o leão. Neemias arriscou sua posição na administração babilônia ao reconstruir o muro de Jerusalém. E Abraão arriscou perder o filho.

As circunstâncias variam, mas a lei do risco é universal e eterna: quanto mais você está disposto a arriscar, mais Deus pode usá-lo. E, se você estiver disposto a arriscar *tudo*, então não há *nada* que Deus não possa fazer em você e por seu intermédio.

Lee assumiu um risco de milhões de dólares. Mas esse risco calculado está rendendo dividendos eternos. Recentemente, assisti a um de seus vídeos de batismo, e o vídeo mostrava centenas de pessoas declarando publicamente sua fé em Cristo. Pense em como centenas de pessoas podem influenciar a rede de relacionamentos delas. Pense nas gerações que serão abençoadas. E pode-se rastrear tudo isso até um risco calculado. Meu amigo teve a coragem de perseguir o leão.

Nós, quase como o dr. Jekyll e o sr. Hyde (do filme *O médico e o monstro*), somos em parte covardes e em parte destemidos. O covarde sempre sussurra: *Melhor seguro que arrependido*. O destemido sussurra: *Sem aventura, sem ganho*.

Que voz você escutará?

O que você fará quando um leão cruzar seu caminho? Você fugirá do risco como um gato assustado? Ou você correrá atrás dele como um perseguidor de leão? Essa decisão determinará seu destino final.

O efeito borboleta

Em 1960, um meteorologista do MIT chamado Edward Lorenz fez uma descoberta acidental enquanto tentava desenvolver um programa de computador que podia simular as condições climáticas e prevê-las. Certo dia, ele estava com pressa e, em vez de pôr .506127, o número que usara em uma tentativa anterior, ele arredondou para o milhar mais próximo, ou seja, .506. Lorenz imaginou que arredondar o número para o milhar mais próximo não acarretaria nenhuma consequência. Ele saiu do laboratório e, quando retornou, encontrou uma mudança radical na condição do tempo. Lorenz estimara que a diferença numérica entre o número original e o número arredondado equivalia ao sopro de vento criado pelo bater de asas de uma borboleta. Ele concluiu que o evento mínimo provocado pelo bater de asas de uma borboleta não poderia alterar de maneira concebível correntes de ar de forma relevante a ponto de mudar as condições climáticas de milhares de quilômetros. A seguir, Lorenz apresentou a comunidade científica ao "efeito borboleta".

James Gleick, em seu livro *Caos e a criação de uma nova ciência* (Campus, 1989), define o efeito borboleta desta maneira: "Diferenças mínimas na entrada [podem] se transformar rapidamente em diferenças esmagadoras na saída".[1]

Isso é verdade na ciência. Isso é verdade na vida. Pequenas mudanças e pequenas escolhas podem aumentar com o tempo e ter

---

[1] GLEICK, James. *Chaos: Caos e a criação de uma nova ciência*. São Paulo: Campus, 1989.

consequências importantes. Tudo que mudamos muda tudo. Muitas vezes, não ligamos os pontos entre as escolhas e as consequências. Cada escolha que fazemos tem um efeito dominó que pode alterar todo o nosso destino.

De acordo com a Escritura, Benaia fez sua escalada na cadeia de comando militar para se tornar o comandante-em-chefe do exército de Israel. Mas esse posto, na verdade, é o subproduto de três riscos calculados que ele assumira décadas antes. Segundo Samuel 23 registra três eventos que criaram o efeito dominó: Benaia enfrentou dois moabitas apesar de estarem em maior número; perseguiu um leão a despeito da neve; lutou com um egípcio apesar de estar sem arma.

O que teria acontecido se Benaia decidisse que eram muitos moabitas para uma luta justa? Que era muito perigoso perseguir um leão de 226 quilos? Que o egípcio de 2,25 metros era *grande demais*?

Acho seguro dizer que Benaia jamais se tornaria comandante da guarda pessoal de Davi, muito menos comandante-em-chefe do exército de Israel.

Creio que foi a disposição de Benaia em arriscar a vida que o destacou. A Escritura diz que Benaia "foi mais honrado do que qualquer dos Trinta [um grupo de elite entre os guerreiros de Davi]" (2Samuel 23.23).

Perseguidores de leões assumem riscos. Eles aprenderam que jogar seguro é arriscado. Eles reconhecem que o melhor que você pode fazer se fugir de um leão é perder mesmo. Você pode salvar sua pele, mas não terá uma pele de leão pendurada na parede. Sem risco não há recompensa.

Quando reflito sobre minha vida, percebo que a maior parte das coisas boas que aconteceram é subproduto de alguns riscos calculados. Minha esposa e meus filhos são resultado de risco. Da mesma forma que nossa casa, nossa vida em Washington, nossa igreja. Tornar uma igreja presente em vários lugares por meio de satélite e tecnologia de vídeo e inaugurar nosso segundo local foi um risco. Abrir a casa de café foi um risco. Cada movimento foi assustador e, no geral, pareceu bem louco.

Mas não consigo imaginar como seria minha vida se tivesse fugido dos riscos. A genealogia das bênçãos sempre volta aos riscos ordenados por Deus. Todas as coisas boas que vivenciei em meu casamento, minha vida e meu ministério são subprodutos dos riscos que assumi. E, quanto maior o risco, maior a recompensa.

O ponto decisivo

A vida é cheia do que chamo de momentos do tipo "um pequeno passo, um salto gigante". Essas são as experiências que mudam para sempre a trajetória de nossa vida; esses são os momentos que não podem ser planejados nem previstos; essas são as decisões que dividem nossa vida em capítulos.

No início de minha jornada espiritual, eu me considerava um seguidor de Cristo, mas, para dizer a verdade, tratava-se menos de eu seguir a Cristo que a Cristo seguir a mim. Até ter quase 19 anos, eu não servia realmente aos propósitos de Deus. Pedia a ele que servisse aos meus propósitos. Minhas intenções eram boas, mas minha vida não orbitava em torno de Deus. Queria que Deus orbitasse em torno de mim. Contudo, isso mudou no fim do meu segundo ano na Universidade de Chicago quando fiz uma pergunta perigosa a Deus: "O que o Senhor quer que eu faça com minha vida?". (A propósito, a única coisa mais perigosa que *fazer* essa pergunta é *não fazer* essa pergunta.)

No estilo típico de Deus, não recebi a resposta de imediato. Não foi escrito na parede. Vivenciei alto grau de estresse, do mesmo tipo que você sente quando dirige no meio de uma tempestade. Tive muita dificuldade para relaxar naquele verão. Sentia-me como se não estivesse em uma terra de homem. Todavia, comecei a procurar a Deus com intensidade e com intencionalidade. E, ao pensar em retrospectiva, sou grato pela demora e dificuldade em discernir qual era meu chamado, porque respostas fáceis produzem convicções superficiais.

A agulha da bússola parou de girar e, em agosto de 1989, encontrei meu verdadeiro norte. Nossa família estava de férias em Lake Ida, Alexandria, Minnesota. Saí ao amanhecer para dar uma caminhada de oração. Desci algumas estradas desertas de terra e peguei um atalho através de um pasto. Bem no meio do pasto ouvi o que descrevo como a inaudível, porém inconfundível, voz de Deus. Um ano antes, o ministério de tempo integral não estava nem mesmo entre minhas cogitações, mas sabia que Deus me chamava para implantar e pastorear uma igreja. Não tinha noção de que passos dar nem de onde a estrada levaria, mas sabia que tinha de assumir um risco calculado. Então, tomei uma decisão bastante radical, decidi me transferir da Universidade de Chicago para a Faculdade Central de Bíblia de Springfield, Missouri.

A maioria de meus amigos achou que eu estava louco. As pessoas me disseram que estava cometendo suicídio acadêmico. A Universidade de Chicago foi classificada como a terceira melhor faculdade do país daquele ano pela *U. S. News & World Report*. A Faculdade Central de Bíblia não tinha esse reconhecimento nem em sua região. E tinha de desistir de minha posição de defesa na equipe de basquete e de uma carreira acadêmica. A decisão de me transferir de escola não fazia sentido do ponto de vista acadêmico, financeiro ou atlético. Transferir-me de escola parecia algo tão lógico quanto perseguir um leão, mas a maioria dos sonhos ordenados por Deus morre porque não estamos dispostos a fazer algo que pareça ilógico.

Posso dizer com honestidade que, nesse estágio da minha vida, não quereria estar em outro lugar nem fazendo outra coisa. Estou vivendo meu sonho como pastor líder da National Community Church [Igreja Comunidade Nacional]. E percebo que toda a alegria e toda realização que vivencio desde a década passada têm origem em um pequeno passo que provou ser um salto gigantesco. Não haveria como estar preparado para implantar e pastorear uma igreja aos 26 anos, se não fosse por meus dois anos e meio na Faculdade Central de Bíblia.

Em geral, o bom *é* inimigo do ótimo. No papel, tinha uma boa situação na Universidade de Chicago, mas bom não é bom o bastante. Assumir um risco calculado muitas vezes envolve desistir de algo que é bom para que você possa vivenciar algo que é ótimo. Em certo sentido, o pecado é uma pequena mudança nossa e uma pequena mudança em nosso relacionamento com Deus. É aceitar algo que seja menos que o melhor de Deus. A fé é o exato oposto disso. A fé é renunciar a bens menores por algo maior. E isso sempre envolve o risco calculado.

Estou convencido de que a única coisa que separa você de seu destino é um pequeno ato de coragem. Uma escolha corajosa pode ser a única coisa entre você e a realização de seu sonho. E essa atitude corajosa pode ser tão simples como um telefonema, copiar uma requisição ou enviar um *e-mail*. Mas você tem de puxar a primeira peça do dominó.

Não sou historiador nem filho de historiador, mas deixe-me fazer uma observação: são os pequenos atos de coragem que mudam o curso da história. Alguém assume um risco ou defende uma plataforma. Alguém toma uma decisão corajosa ou faz um sacrifício corajoso. E acontece o efeito dominó.

Ester disse: "Se eu tiver que morrer, morrerei" (Ester 4.16). Um copeiro judeu chamado Neemias disse: "Se for do agrado do rei e se o seu servo puder contar com a sua benevolência, que ele me deixe ir à cidade onde meus pais estão enterrados, em Judá, para que eu possa reconstruí-la" (Neemias 2.5). Três amigos judeus recusaram-se a inclinar-se para um ídolo babilônio: "Não precisamos defender-nos diante de ti. Se formos atirados na fornalha em chamas, o Deus a quem prestamos culto pode livrar-nos" (Daniel 3.16,17). Dois discípulos, Pedro e João, afirmaram: "Pois não podemos deixar de falar do que vimos e ouvimos" (Atos 4.20).

Essas decisões corajosas provaram ser o ponto decisivo.

Ester salvou o remanescente judeu do genocídio. Neemias reconstruiu o muro de Jerusalém. Os três amigos foram promovidos a posições de poder político no governo babilônio. E todo o mundo antigo ouviu o evangelho, porque Pedro e João não podiam ser silenciados e não seriam.

Para Benaia, o ponto decisivo foi perseguir e matar um leão em uma cova em um dia de neve. A reação normal de uma pessoa normal ao encontrar com um leão devorador de seres humanos em uma selva seria adotar uma postura defensiva. Benaia podia fugir, e ninguém o culparia por fazer isso. Benaia podia fugir, e ninguém o consideraria menos por isso. Ele poderia seguir o jogo seguro, e ninguém o consideraria covarde. Mas Benaia tomou uma decisão instantânea. Ele deu um pequeno passo em direção a um leão, e esse passo provou ser um salto gigantesco em direção a seu destino supremo como comandante-em-chefe do exército de Israel.

Esse deve ter sido o passo mais longo e difícil da vida dele. Era ilógico. Era contraintuitivo. Era assustador. Mas Benaia não deu um passo atrás. Ele deu um passo à frente. Ele não fugiu do leão. Ele foi em frente ao estilo *kamikaze*.

E esse pequeno passo em direção ao leão provou ser um ponto decisivo na vida dele.

Negócio arriscado

Não há nada fácil em relação a assumir riscos. Até mesmo os riscos aparentemente pequenos podem ser tão assustadores como perseguir um leão ou travar um combate corpo-a-corpo com um gigante egípcio. Mas os perseguidores de leão têm a coragem de superar a falta de ação, a inércia. O medo de *deixar passar* é maior que o medo de *malograr*.

Poucos anos atrás, recebi um *e-mail* de uma perseguidora de leão. Ela enfrentava uma decisão difícil, e eu lhe servi como uma tábua de ressonância:

> Há cerca de um mês, inscrevi-me para um posição na Harvard's WorldTeach Program [Programa Mundial de Ensino de Harvard]. Sei que é uma tentativa difícil, mas houve muitas "coincidências" para que eu ignorasse a oportunidade que Deus punha diante de mim. Na última semana, você falou em dar um passo de fé para seguir o chamado de Deus. Você me disse: "Deus sempre nos chama para terras desconhecidas. Ele quer que vamos a lugares que nunca fomos e que façamos coisas que nunca fizemos".
>
> Em poucas palavras, o governo das ilhas Marshall anunciou que a reforma educacional é sua prioridade. Fui sondada para ser um dos 30 delegados estadunidenses que ajudarão nessa empreitada. Se estou assustada de ir para um país que tem eletricidade em apenas uma de suas 1.229 ilhas? Que se "comunica" não por meio de Internet nem de telefone celular, mas de rádio de curta frequência? Que fica há mais de seis horas de voo de qualquer outra civilização importante? Que tem o maior índice de envenenamento por irradiação que qualquer outro lugar da terra? A resposta para essas e outras perguntas que giram em minha mente é: "Sim". Pensei em recusar a oferta? Sim. Acredito que recusar a oferta seria recusar o chamado de Deus? Sim. Eu irei? Sim.

Obediência é a disposição de fazer qualquer coisa, quando for e onde for que Deus nos chama a fazer. E isso parece muito diferente para cada um de nós. Nem sempre é necessário viajar metade do mundo. Os atos mais corajosos, com frequência, exigem apenas que atravessemos a sala ou a rua.

Não tenho certeza de que leão Deus o chamou a perseguir. Pode ser ensinar em uma cidade do interior, começar um negócio, ou se tornar pai adotivo. Pode ser se candidatar a um programa de graduação ou pedir demissão do emprego. Pode ser terminar um relacionamento ou iniciar outro relacionamento. Mas uma coisa é certa: você não consegue eliminar o fator risco da equação.

Parte de mim se pergunta se estamos vendendo um pacote de bênçãos. Sou só eu que acho, ou as pessoas agem como se a fé representasse redução do risco? Elas agem como se o objetivo da fé fosse eliminar o risco, para que a vida seja, conforme as palavras do hino, "segura e livre de todo alarme".

Você leu a Bíblia nos últimos tempos? A fé é um negócio arriscado.

O objetivo da fé *não* é eliminar o risco. Na verdade, o maior risco é não assumir riscos. Não é esse o princípio da parábola dos talentos (Mateus 25.14-30)? Jesus ordena que os dois homens assumam um risco e deem um retorno. Não obstante, o servo que enterrou seus talentos e não teve nem lucro nem perda é chamado de "mau". Por quê? Porque ele não estava disposto a assumir um risco calculado. Talvez assumir risco seja a essência da justiça. Talvez justiça diga menos respeito a *não fazer nada errado* e mais a *fazer coisas certas*. Justiça é usar os dons concedidos por Deus para a realização do potencial concedido por ele. E isso requer risco. Talvez sua percepção de santificação seja muito sanitizada. Talvez sua percepção de cristianismo seja muito civilizada. Talvez você precise relembrar o que fizeram nossos heroicos ancestrais espirituais.

Outros enfrentaram zombaria e açoites; outros ainda foram acorrentados e colocados na prisão, apedrejados, serrados ao meio, postos à prova, mortos ao fio da espada. Andaram errantes, vestidos de pele de ovelhas e de cabras, necessitados, afligidos e maltratados. O mundo não era digno deles. Vagaram pelos desertos e montes, pelas cavernas e grutas. (Hebreus 11.36-38)

Deus nunca nos prometeu uma existência livre de risco. Coisas ruins acontecem com pessoas boas. E coisas boas acontecem com pessoas ruins. E isso causa muita angústia a não ser que vejamos a vida através dos olhos da eternidade. O risco assumido por muitos heróis da fé terminou em desmembramento e morte. Não é exatamente um fim de livros de histórias. Deus jamais prometeu que a recompensa pelo risco seria dada deste lado da eternidade. Mas ele prometeu que todo risco ordenado por Deus será recompensado do outro lado do *continuum* espaço-tempo.

Sem sacrifício

Acho que muitas pessoas cometem um erro fundamental na forma como entendem seu relacionamento com Deus. Elas o entendem em termos de vitória/perda. Elas o entendem como um jogo do qual saem zeradas. Focam o que têm de *abrir mão* e não percebem como *recebem* muito mais. O relacionamento com Deus é o relacionamento supremo de vitória/vitória.

Deixe-me abrir um parêntese teológico: não acho que existe essa coisa de sacrifício quando você é seguidor de Cristo.

Com certeza, somos chamados a negar a nós mesmos e a tomar a nossa cruz (Mateus 16.24). Somos chamados a perder nossa vida para encontrá-la (Mateus 16.25). E, sem dúvida, vivenciamos perdas temporárias. Mas não acredito que alguém já tenha sacrificado alguma coisa por Deus. Por quê? Porque sempre recebemos mais do que o que abrimos mão. E, se você recebe mais do que o que abriu mão, você sacrificou alguma coisa?

Em 4 de dezembro de 1857, David Livingstone, famoso missionário, deu uma palestra na Universidade de Cambridge:

> As pessoas falam do sacrifício que fiz por passar tantos anos de minha vida na África. [...] Fora com essa percepção e com esse pensamento! Não foi, de forma enfática, nenhum sacrifício. Diria que, antes, é um privilégio. Ansiedade, doença, sofrimento e perigo de vez em quando com o precedente das conveniências e caridades comuns desta vida podem nos fazer parar; e levar o espírito a oscilar, e fazer a alma sucumbir; mas deixe isso acontecer apenas por um momento. Tudo isso não é nada quando comparado com a glória que é revelada em nós e por nós. Jamais fiz um sacrifício.

Você jamais sacrificou alguma coisa por Deus. Mas deixe-me ir um pouco mais fundo: se você sempre agisse visando a seu maior interesse pessoal, *sempre* obedeceria a Deus. É isso que quero dizer com relacionamento vitória/vitória.

> Digo-lhes a verdade: Por ocasião da regeneração de todas as coisas, quando o Filho do homem se assentar em seu trono glorioso, vocês que me seguiram também se assentarão em doze tronos, para julgar as doze tribos de Israel. E todos os que tiverem deixado casas, irmãos, irmãs, pai, mãe, filhos ou campos, por minha causa, receberão cem vezes mais e herdarão a vida eterna. (Mateus 19.28,29)

Existe um antigo aforismo: "Ninguém nunca aposta demais em um cavalo vitorioso". Tenho certeza disto: no fim da nossa vida, o único arrependimento que teremos é não ter procurado mais a Deus e não ter iniciado essa jornada com ele mais cedo. É isso aí!

É arriscado jogar seguro

Temos um valor fundamental na National Community Church: jogar seguro é arriscado. E Mateus 14 sintetiza esse valor fundamental. Esse trecho da Escritura, em certo sentido, é uma das passagens da Escritura que retratam um microcosmo da vida.

Os discípulos remavam no mar da Galileia no meio da noite, e Jesus vem até eles andando sobre a água. De início, os discípulos pensaram que fosse um fantasma. Na verdade, a Escritura diz que aqueles varonis pescadores gritaram como crianças assustadas. Sinceramente, acho que essa passagem revela o lado traquinas de Jesus. Você já se escondeu em algum canto e assustou alguém? Jesus levou isso a um patamar mais alto. Mas ele tem uma vantagem injusta no que diz respeito a pregar peças: ele pode andar sobre a água.

Quando os discípulos pararam de gritar, e Jesus, de rir, ele disse: "Coragem! Sou eu. Não tenham medo!". Pedro disse: "Senhor [...] se és tu, manda-me ir ao teu encontro por sobre as águas". E Jesus disse: "Venha". Assim, Pedro deu um pequeno passo para fora do barco e um pulo gigantesco em direção a Jesus; e ele andou sobre a água (Mateus 14.27-29).

Uma parte de mim deseja que a história termine aí, com os créditos finais. Mas outra parte de mim alegra-se por ela não terminar aí.

> Mas, quando [Pedro] reparou no vento, ficou com medo e, começando a afundar, gritou: "Senhor, salva-me!". (Mateus 14.30)

Deixe-me contar-lhe algo sobre caminhar em fé: você quase sempre critica a si mesmo. Você toma a decisão de sair do barco — sua mudança de carreira, o fim de um relacionamento ou o investimento em um fundo de ações — e você tem segundos pensamentos. Você se pergunta se não cometeu um erro. *Deus realmente falou para eu sair do barco?*

E você começa a afundar espiritualmente porque deixa de focar Jesus e começa a focar o vento e as ondas.

Em janeiro de 2003, delineei, para nossa congregação, essa perspectiva de tornar a igreja presente em vários lugares por meio de satélite e tecnologia de vídeo. Em nosso Retiro Anual de Liderança, contei a nossos líderes que, no outono do ano seguinte, daríamos um passo de fé e lançaríamos a segunda unidade da igreja em um cinema perto de uma estação do metrô em alguma área do Distrito Federal. Depois, no dia seguinte, expus à nossa congregação essa perspectiva na minha mensagem anual "Situação da igreja".

Estava repleto de percepções no sábado e no domingo, mas, no dia seguinte, estava me criticando. A melancolia da segunda-feira é uma ocorrência comum com pregadores, mas fui fundo. Eis o que escrevi em meu diário:

> Uma vez que expus a ideia do lançamento, tive um sentimento deste tipo: "Uau, precisamos mesmo fazer isso agora?". Foi aquele sentimento "assustador, desconfortável" que temos sempre que tentamos algo que nunca fizemos antes.

Jamais me esquecerei de, pouco depois disso, estar sentado na Starbucks, no primeiro andar do *shopping* Balston Common, em Arlington, Virgínia, e ler um livro de Andy Stanley, intitulado *O líder da próxima geração* (Vida, 2008). O momento foi divino. Você já leu alguma coisa e sentiu como se fosse escrita especialmente para você? Abri o livro no capítulo sobre incerteza e li o que Andy Stanley escreveu:

De modo geral, você provavelmente jamais terá mais que 80% de certeza. Esperar por uma certeza maior pode fazê-lo perder uma oportunidade.

É difícil explicar, mas aquilo me libertou dos segundos pensamentos que estava tendo. Parei de focar o vento e as ondas e retornei o foco para o que Deus nos chamava a fazer. Sabia que, independentemente do risco e da dificuldade acarretados nessa ideia, lançar outra unidade da igreja era o que devíamos fazer.

A maioria de nós quer ter certeza absoluta antes de dar o passo em fé. Amamos ter 100% de garantia de retorno do dinheiro. Mas o problema com tal postura é: isso tira a fé da equação. Não existe essa coisa de risco sem fé. E você não pode ter sucesso sem o risco de fracassar.

Afundar ou ficar sentado

Pedro leva uma repreensão injusta. Pedro é o discípulo que negou Cristo três vezes, mas foi o único que se aproximou bastante de Jesus para ser visto como era. Pedro é o discípulo que, impulsivamente, corta a orelha de Malco quando a multidão belicosa vem para prender Jesus, mas ele foi o único que saiu em defesa de Jesus. E ele é o discípulo que afunda no mar da Galileia, mas ele também foi o único que andou sobre a água.

É muito fácil criticar Pedro no conforto do barco.

Acho que existem dois tipos de pessoa no mundo: criadores e críticos. Há pessoas que saem do barco e andam sobre a água. E há pessoas que sentam no barco e criticam as que andam sobre a água.

Eis o que penso: afundar é melhor que ficar sentado.

Antes ficar molhado que ter músculos flácidos. Depois de tudo dito e feito, acho que nosso maior arrependimento será os riscos ordenados por Deus que não assumimos. Não nos arrependeremos de afundar. Nós nos arrependeremos de ficar sentados. Nas palavras de Johann Wolfgang von Goethe, escritor alemão: "O inferno começa no dia em que Deus lhe concede a visão de tudo que você poderia ter feito, mas não fez".

Qualquer coisa menos que sair do barco é voyeurismo espiritual. É muito fácil criticar quem anda sobre a água do conforto do barco. Mas acho que os outros 11 discípulos foram assombrados pela oportunidade perdida. Pense nisso. Eles podiam ter andado sobre a água. Mas escolheram ficar no barco. Eles perderam uma oportunidade única na vida porque não estavam dispostos a assumir um risco ordenado por Deus.

Arrependimentos por causa da inação

Lembra-se dos arrependimentos de ação e dos de inação do capítulo 1? O arrependimento de ação é fazer algo que gostaria de não ter feito. O arrependimento de inação é não ter feito o que gostaria de ter feito.

Tenho minha boa parte de arrependimentos de ação. Realmente, arrependo-me de, quando estava no segundo grau, ter mandado meu vizinho do lado para o pronto-socorro com um chumbinho alojado na parte superior da coxa. Acho, honestamente, que minha pontaria não seria muito boa daquela distância, da janela do meu quarto no segundo andar. Ele devia estar a 45 metros de distância, e minha espingarda de chumbinho nem tinha alcance para essa distância. Infelizmente, sou melhor atirador do que imaginava. Jamais esqueci o som da campainha vinte e sete segundos após a decisão mais estúpida da minha vida. Tenho arrependimento de ação. Sentia como se batesse na minha testa com a palma da mão enquanto repetia: "Estúpido, estúpido, estúpido".

Todos nós dizemos e fazemos coisas de que nos arrependemos. Gostaria que pudéssemos apertar o botão da memória e apagar o que fizemos. Quem já não quis secretamente poder, como o super-homem, voar no sentido inverso em torno da terra em velocidade supersônica para fazer o tempo voltar?

Todos nós temos arrependimentos de ação, mas acho que nossos arrependimentos mais profundos são pelas oportunidades perdidas. Os arrependimentos de ação têm um sabor desagradável, mas os de inação deixam um sabor amargo que dura a vida toda. Estes nos perseguem porque nos deixam com a pergunta: e se? Perguntamo-nos como seria nossa vida se tivéssemos assumido o risco ou aproveitado a oportunidade. E se tivéssemos perseguido o leão em vez de fugir? De alguma maneira, nossa vida parece incompleta. Deixar de assumir o risco é quase como perder uma peça do quebra-cabeça da sua vida. Deixa uma lacuna. Quando chegarmos ao fim da vida, nossos maiores arrependimentos serão as peças perdidas.

A pesquisa de Tom Gilovich e Vicki Medvec, psicólogos sociais de Cornell, apoia essa convicção. A pesquisa deles descobriu que o tempo é um fator fundamental em nosso arrependimento. Em geral, arrependemo-nos de nossos atos a curto prazo. Contudo, a longo prazo, costumamos nos arrepender de nossa inação. Esse estudo descobriu que, em média, em uma semana o arrependimento pela ação era levemente maior que o arrependimento pela inação — de 53% a 47%. No entanto, quando a pessoa olha sua vida como um todo, os arrependimentos por inação superam os por ação em 84% ante 16%.[2]

A maioria de nós, a curto prazo, arrepende-se de pecado de comissão; todavia, são os pecados de omissão, das oportunidades perdidas, que nos perseguem a vida toda. Não nos arrependemos tanto dos

---

[2] ROESE, Neal. *If Only: How to Turn Regret into Opportunity.* Nova York: Broadway, 2005, p. 48.

erros que cometemos como das oportunidades ordenadas por Deus que perdemos. Em outras palavras, do que mais nos arrependeremos no fim da vida são os leões que *não* perseguimos.

Poucos anos atrás, a National Community Church ajudou a construir um Teen Challenge Center [Centro de Desafio para Adolescentes], em Ocho Rios, Jamaica. Nossa família, depois de completar a missão, permaneceu na Jamaica por alguns dias para relaxar e usufruir a ilha. Estávamos hospedados perto da Baía Montego, mas pegamos um catálogo de turismo sobre saltar no despenhadeiro de Negril. No segundo em que vi o programa, soube que tinha de fazê-lo. Mas ficamos dando desculpas para não ir. Antes que percebesse, estava em um avião voltando para casa, e lembro-me de pensar comigo mesmo: *Talvez eu nunca volte aqui.* Ainda me arrependo de não ter pulado daquele desfiladeiro. Na verdade, um de meus sonhos é fazer um batismo de despenhadeiro. Isso é que é batismo de imersão! Ainda sinto como se tivesse perdido uma oportunidade única na vida.

No esquema geral das coisas, esse arrependimento não é de despedaçar a vida. Antes, é benigno. Mas ainda me persegue. Ainda me arrependo de não ter pulado do despenhadeiro.

Se você for como eu, faltam algumas peças em seu quebra-cabeça. Você tem alguns arrependimentos de inação. Então, o que fazer com eles? Você pode chafurdar na autocomiseração ou pode canalizar esses arrependimentos para uma abordagem mais corajosa da vida. Você pode resolver perseguir o último leão do qual fugiu. Lute pelo seu segundo casamento. Leve sua próxima gravidez a termo. Inscreva-se novamente para o programa. Na próxima estação, tente o *American Idol* [*Ídolo Americano*].

Henry David Thoreau oferece um conselho eterno no que se refere a reparar o arrependimento:

Tire o melhor proveito de seus arrependimentos; nunca reprima sua mágoa, mas zele por ela e a afague até que ela adquira um interesse separado e integral. Arrepender-se profundamente é viver de novo.

Acovardar-se

Há cerca de um ano, fui convidado para falar em uma reunião da comunidade no Capitol Hill e apresentar uma atualização do nosso projeto da casa de café. Acabáramos de iniciar a construção da Ebenézer, e um grupo dos líderes da comunidade queria saber mais a respeito dos nossos planos. Apresentei um relatório do progresso, expus algumas ideias e, depois, recebi perguntas.

Uma das perguntas me deixou na defensiva. Alguém perguntou o sentido do nome Ebenézer. Em vez de ir direto ao assunto e dizer que o nome Ebenézer era uma palavra hebraica de 1Samuel 7.12 que quer dizer "até aqui o Senhor nos ajudou"; acovardei-me e disse: "Basicamente quer dizer 'até aqui tudo bem' ". Mas esse não é o sentido da palavra, pois tira Deus da equação.

Bem, deixe-me contextualizar essa história.

Estava com uma disposição de mente defensiva por duas razões. Uma "casa de café cristã", em muitos sentidos, é um paradoxo. Vejo muitas casas de café cristãs que não fazem jus nem ao cristianismo nem ao café. E estava preocupado com a percepção negativa que as pessoas pudessem ter, achando que a nossa casa seria como uma dessas outras.

O outro fator que me deixou na defensiva refere-se às pessoas que estavam no auditório. Poucas semanas antes, organizáramos a caçada ao ovo de Páscoa em Capitol Hill, e uma das convidadas reclamara. Ela dissera que falávamos demais a respeito de Jesus. Deus me livre! Explicamos que financiáramos totalmente o evento, tínhamos permissão do serviço de parques e que, afinal, éramos uma *igreja*. Além disso, existem essas pedras fundamentais da democracia que são a liberdade de fala e a liberdade religiosa. Mas isso não apaziguou o antagonismo dela em relação a nós. Resumindo, essa mulher estava na reunião da comunidade. E acho que isso me pôs inconscientemente na defensiva. Por isso, em vez de ofender essa mulher, ofendi *o Espírito Santo* ao tirar Deus da equação da nossa casa de café.

Fui para casa e me senti muito condenado pelo Espírito Santo e por minha esposa. Agradeço a Deus por uma esposa piedosa que pode falar a verdade com amor. Pedi desculpas a Deus, pois sabia que me acovardara. E prometi que não o tiraria da equação nunca mais. Prometi que não ficaria na defensiva no que dizia respeito ao meu relacionamento com ele. Prometi que, sem pedir desculpa nem sentir vergonha, daria crédito a quem o crédito fosse devido.

Essa experiência foi um momento decisivo para mim. Poderia ter me abatido por me acovardar; todavia, canalizei o arrependimento em uma nova resolução de sempre perseguir o leão quando ele atravessasse meu caminho.

Capacete de segurança

Há basicamente duas formas de abordar a: jogar para ganhar e jogar para não perder. Você adivinha em qual delas se encaixa o perseguidor de leão? Muitos de nós jogam o jogo da vida por tentativa, como se o propósito fosse chegar seguro à morte. Precisamos pegar as pistas dos primeiros cristãos que competiam pelo Reino.

> Desde os dias de João Batista até agora, o Reino dos céus é tomado à força, e os que usam de força se apoderam dele. (Mateus 11.12)

Não existe nada passivo, nem remotamente, em relação a seguir a Cristo. Alguns de nós abordam nosso relacionamento com Cristo como se fôssemos chamados a jogar com "defesa preventiva" quando devemos estar na "ofensiva rápida". Alguns de nós agem como se fidelidade fosse fazer o passe, quando fidelidade é marcar o gol. A fidelidade não tem nada que ver com manter o *statu quo* nem com guardar o forte. Ela tem tudo que ver com competir pelo Reino e derrubar as portas do inferno. Se necessário, use uma pistola de água!

Ano passado, treinei o time de basquete de meu filho da quarta série. No início da temporada, a maioria das crianças não sabia como jogar o jogo. Elas tinham zero de instinto para basquete. Na verdade, os inícios dos jogos foram um absoluto caos. Apesar das repetidas tentativas de guiá-los na direção certa, a maioria das crianças não sabia que cesta defender e qual atacar. Ocasionalmente, as crianças defendiam no lado ofensivo e atacavam no lado defensivo. Às vezes, elas esqueciam totalmente o fato de que estavam com a bola, então, eu gritava a plenos pulmões: "Vocês estão no ataque! Vocês estão no ataque!".

De vez em quando, pergunto-me se a multidão de testemunhas assentadas nas arquibancadas celestiais está gritando: "Você está no ataque! Você está no ataque!".

Em Mateus 16.18, Jesus comissionou a igreja: "Edificarei a minha igreja, e as portas do Hades não poderão vencê-la".

Portas são artefatos de defesa. Para derrubar essas portas é preciso medidas ofensivas. Pense na igreja como uma força de ataque.

Annie Dillard, em seu livro *Teaching a Stone to Talk* [Ensinando uma pedra a falar], golpeia um nervo em sua descrição da igreja.

> No todo, não acho os cristãos, fora das catacumbas, sensíveis o bastante em relação às condições. Alguém tem a mais nebulosa ideia de que tipo de poder invocamos tão alegremente? Ou, como suspeito, alguém acredita em uma palavra disso? As igrejas são crianças brincando no chão com seus conjuntos de química, misturando porções de TNT a fim de matar a manhã de domingo.

É uma loucura as senhoras porem chapéus de palha e de veludo para ir à igreja; todos nós devíamos usar capacete de segurança. Os porteiros deviam providenciar preservadores de vida e lâmpadas de sinalização; eles deviam nos amarrar em nossos bancos. Pois o deus adormecido pode despertar algum dia e ser ofendido, ou o deus desperto pode lançar-nos no lugar de onde nunca retornaremos.[3]

Alguém mais está cansado de a igreja jogar na defesa? Por que a igreja é mais conhecida pelo que somos contra do que pelo que somos a favor? Por que parece que a igreja está sempre em atitude defensiva? Talvez esteja na hora de os seguidores de Cristo usar os capacetes de segurança e jogar no ataque.

Deus está levantando uma geração de perseguidores de leão, pessoas que não fogem do mal. Deus está levantando uma geração de perseguidores de leão, pessoas que têm coragem de competir pelo Reino.

Tenho a alegria de pastorear muitos perseguidores de leão. A maioria deles faz o que faz em relativa obscuridade. Você não os verá na televisão, no *Larry King Show* nem na *Oprah*. Mas eles fazem a diferença de forma corajosa em seus respectivos chamados.

Penso nos administradores legislativos e nos secretários de imprensa trabalhando nos escritórios do Congresso e elaborando leis e estratégias de campanha. Penso em um ex-interno da National Community Church que se especializa em cinema e sente que Hollywood o chama, da mesma forma que o Distrito Federal me chamou. Penso nos atores e artistas que fazem diferença nos palcos e fora deles. Penso nos professores que podiam ganhar mais em distritos escolares melhores, mas que se sentem chamados a trabalhar no sistema de escola pública do Distrito Federal. Penso nos jornalistas de nossa congregação que

---

[3] DILLARD, Annie. *Teaching a Stone to Talk: Expeditions and Encounters*. Nova York: Harper Perennial, 1988, p. 52-53.

produzem os programas a que assistimos e escrevem as histórias que lemos. Penso em um amigo que é do conselho de seis obras de caridade e alavanca os recursos delas para fazer uma diferença santa. E penso em um ex-interno que almeja a Corte Suprema de justiça e que, algum dia, ocupará um lugar lá.

Perseguidores de leão não batem em retirada. Eles atacam. Perseguidores de leão não são reatores, são criadores. Perseguidores de leão recusam-se a viver com postura defensiva; eles procuram de forma ativa maneiras de fazer diferença.

Bob Briner, em seu livro *Roaring Lambs* [Carneiros que rugem], reflete a respeito das convenções missionárias em que foi quando era criança, e em que as crianças são desafiadas a se comprometer com a missão. E isso é uma coisa incrível. Missionários são heróis. Contudo, concordo com Briner quando diz que esse mesmo espírito deve prevalecer quando enviamos nossos filhos para profissões que moldam a cultura, como entretenimento, jornalismo, educação e política.

Prevejo toda uma geração que entrará para essas carreiras com o mesmo vigor e compromisso que serviram para enviar homens como Hudson Taylor para a China.

Por que não acreditar que, um dia, o diretor de cinema de Hollywood mais aclamado pela crítica não possa ser um cristão ativo em sua igreja? Por que não ter esperança de que o ganhador do Prêmio Pulitzer para jornalismo investigativo possa ir para um jornalista cristão da equipe de importante jornal diário? É realmente forçar demais pensar que a principal exposição do Museu de Arte Moderna possa expor as obras de um artista de uma de nossas mais excelentes faculdades cristãs? Sou louco por sugerir que nossos filhos e filhas possam ser os principais dançarinos da Joffrey Ballet Company, liderar um estudo bíblico semanal para outros dançarinos em uma profissão antes considerada das mais destituídas moralmente?[4]

Precisamos parar de criticar a cultura e começar a criá-la.

Paulo não boicotou o Areópago; ele não ficou do lado de fora com placa com os dizeres: "Atenienses idólatras vão para o inferno em uma cesta". Paulo não jogava para não perder. Paulo jogava para ganhar, por isso ele travou a luta corpo-a-corpo com as mentes filosóficas mais excelentes do mundo da Antiguidade. Paulo competia pela verdade em sua corrida.

Em vez de reclamar da situação atual, precisamos oferecer melhores alternativas. Precisamos fazer filmes e músicas melhores. Precisamos escrever livros melhores. Precisamos iniciar melhores escolas e melhores negócios.

Conforme o antigo aforismo sugere, precisamos *parar de amaldiçoar as trevas* e *começar a acender algumas candeias*!

Nas palavras de Michelangelo, precisamos *criticar por meio da criação*. E não podemos criar sem assumir um risco calculado.

---

[4] BRINER, Robert. *Roaring Lambs*. Nashville: Zondervan, 2000, p. 5.

REVISÃO DO CAPÍTULO 6

Pontos a lembrar

- Pequenas mudanças e pequenas escolhas podem aumentar com o tempo e ter consequências importantes.
- Assumir um risco calculado muitas vezes envolve desistir de algo que é bom para que você possa vivenciar algo que é ótimo.
- Uma escolha corajosa pode ser a única coisa entre você e a realização de seu sonho.
- O objetivo da fé *não* é eliminar o risco.
- O relacionamento com Deus é o relacionamento supremo de vitória/vitória, porque você *nunca* abre mão de mais coisa do que recebe.
- Não nos arrependemos tanto dos erros que cometemos como das oportunidades ordenadas por Deus que perdemos.
- Não há nada passivo em relação a seguir a Cristo.

Inicie sua caçada

Mark diz: "Não existe essa coisa de risco sem fé". Neste momento, que riscos o impedem de agarrar uma importante tarefa ou de crescer em uma área importante da sua vida?

CAPÍTULO 7

Agarre a oportunidade pela juba

As pessoas sempre culpam suas circunstâncias pelo que elas são. Não acredito em circunstâncias. As pessoas que progridem neste mundo são aquelas que se preparam e procuram as circunstâncias que querem, e, se não as encontram, elas as criam.

GEORGE BERNARD SHAW

Cerca de um ano atrás, almocei com John, advogado de Georgetown que frequenta a National Community Church [Igreja Comunidade Nacional]. Parecia que John alcançara o almejado sucesso. Ele tem um escritório de advocacia bem estabelecido e ganha bastante dinheiro. Mas houve um problema desagradável. Ou devo dizer oportunidade? Ele não queria mais praticar o direito. Ele queria fazer filmes.

Durante o almoço, John contou-me sobre seu sonho, e esse sonho era louco o bastante para ser classificado como coisa de Deus. Mudanças loucas de carreira parecem fazer parte e ser uma parcela do seguir a Cristo. Jesus mesmo praticava marcenaria antes de iniciar o ministério.

Conversamos sobre alguns dos desafios que ele enfrentaria e alguns dos sacrifícios que teria de fazer. Mas parecia que acontecia uma convergência circunstancial na vida dele que tornou esse chamado inconfundível. Na verdade, ainda me lembro da analogia que ele usou. Ele disse que sentia como se o quebra-cabeça Rubik's Cube estivesse para ser resolvido. Não sabia o que representava sentir isso. Na verdade, jamais resolvi um desses quebra-cabeças! Mas gostei da analogia. Portanto, oramos a Deus que abrisse a porta da oportunidade. Paguei a conta. E voltamos a nossa rotina diária.

Poucos meses depois, John lia a edição de domingo do *Washington Post*, e uma história de tráfico humano em Uganda não só chamou sua atenção, mas também penetrou em seu espírito. Meninas estavam (e ainda estão) sendo atraídas a uma vida de escravidão sexual, a despeito das tentativas do governo de Uganda de combater a prática com o ensino da castidade. Meu amigo poderia jogar o jornal na caixa de reciclagem e esquecer o assunto. Mas ele sentiu que precisava fazer alguma coisa. Por isso, ele pesquisou Uganda na Internet. A pesquisa levou-o a seguir uma trilha de coelho cibernética até um professor que estava comandando uma viagem a Uganda para fazer filmes-documentários. Mesmo não tendo experiência nem equipamento, meu amigo se candidatou ao programa. E sua total honestidade sobre sua falta de qualificação foi sua passagem para Uganda. O professor disse: "Você pode vir porque me disse a verdade".

Jamais esquecerei o telefonema de John depois de conseguir a aceitação no programa. Foi uma daquelas conversas que ficam gravadas no córtex cerebral. Meu amigo estava extremamente entusiasmado com a oportunidade; contudo, havia muitas perguntas e preocupações. Para ser honesto, ele não estava certo se devia ir ou não. Ele não tinha certeza se as vacinas já estariam fazendo efeito na data da viagem. Não sabia se conseguiria visto com tanta rapidez. E pensava duas vezes se deveria deixar a esposa e os filhos por três semanas. Pesamos os prós e os contras. Calculamos os custos o melhor que pudemos. Mas, no fim da conversa, parecia que era uma oportunidade ordenada por Deus. Os eventos descobertos acidentalmente pareciam ter a marca de Deus em todos eles. E a história ficou ainda melhor!

Uma semana antes de partir para Uganda, John foi convidado para uma recepção promovida pela indústria do filme. Ele não queria ir. Estava fisicamente exausto por causa dos preparativos para a viagem e ainda tinha milhões de detalhes para acertar antes de deixar o país. Mas sua esposa sentiu que ele devia ir. Na verdade, ela orou à Deus que ajudasse seu marido a fazer um contato relevante. Chame-me de louco, mas, se você vai para Uganda a fim de filmar um documentário, diria que a embaixadora de Uganda nos Estados Unidos está qualificada como um contato relevante. Meu amigo não apenas conheceu a embaixadora da Uganda na recepção, mas também, como seguidora de Cristo, ela sentiu tal afinidade por aquele projeto que o convidou para encontrá-la na embaixada de Uganda no dia seguinte.

Você pode imaginar John tentando marcar uma entrevista com a embaixadora inesperadamente? Quais seriam as chances de ele, de fato, conseguir se encontrar com ela? Mas Deus está no negócio de garantir que cruzemos o caminho das pessoas certas no momento certo. O Espírito Santo pode abrir portas que parecem impossíveis de serem abertas. Como a esposa do meu amigo disse: "Jesus Cristo é a pessoa mais bem informada de Washington".

Resumindo, John passou três semanas filmando seu documentário, três meses editando-o e produzindo-o. Assim, há poucas semanas, tivemos o privilégio de recepcionar a primeira exibição de seu documentário de trinta minutos intitulado *Sing* [Cante].

E a história não acaba aqui.

John telefonou para mim semana passada e me contou que conseguiu seu primeiro contrato para fazer um filme. Ele trabalhará como diretor-assistente e produtor de um filme com orçamento de 20 milhões de dólares. Algum dia, você verá o nome dele nos créditos finais de um filme ou o verá recebendo o Oscar.

Tudo que posso dizer é isto: sonhos loucos ainda se tornam realidade. Se Deus pode transformar fisiculturistas em juízes, pescadores em apóstolos, pastores em reis, então, definitivamente, ele pode transformar advogados em produtores de filme.

Bem, façamos uma observação. Já vi isso acontecer inúmeras vezes na vida dos outros e na minha. Os sonhos, em geral, começam como oportunidades do tipo semente de mostarda. Na verdade, os maiores sonhos, com frequência, começam com as menores oportunidades. A semente é tão pequena que você se pergunta se, de fato, pode se tornar algo relevante.

Para meu amigo, foi uma história publicada no jornal. Ele podia ter passado direto por aquele artigo. Podia ter ignorado a situação de tráfico humano. Podia ter pensado: *Gostaria que alguém fizesse alguma coisa a respeito disso.* Contudo, uma semente foi plantada em seu espírito. E uma pesquisa na Internet ordenada por Deus revelou uma oportunidade única.

Meu amigo estava assustado. A oportunidade envolvia muitos sacrifícios. E era um risco inequívoco. Mas perseguidores de leão reconhecem uma oportunidade ordenada por Deus quando a veem. E estão dispostos a perseguir as oportunidades mesmo que tenham de percorrer metade do mundo se é isso o que o Senhor os está chamando a fazer.

Sementes de mostarda

Nosso destino supremo é determinado pelo fato de aproveitarmos ou não as oportunidades ordenadas por Deus que se apresentam para nós. Se aproveitarmos essas oportunidades, as peças de dominó continuam a cair e criam uma reação em cadeia. Mas, se perdemos essas oportunidades, provocamos um curto-circuito nos planos de Deus para nossa vida. Isso não quer dizer que devemos viver com medo de perder de alguma maneira a vontade de Deus. Ele continua a nos dar segundas, terceiras e quartas chances.

Moisés, havia quarenta anos, tornara-se um fugitivo por causa de um crime grave, mas Deus reabriu a porta da oportunidade e deu-lhe uma segunda chance. A graça de Deus não tem prazo de validade. Deus continuará abrindo portas de oportunidades enquanto você viver. Mas você não quer adiar o processo por quarenta anos, certo? A vida é muito curta. Quero aproveitar a oportunidade na primeira vez que ela se apresentar.

Agora, ponha-se no lugar de Benaia.

Essa história poderia ter sido escrita de forma tão distinta. Benaia vê o leão. Benaia foge. Benaia soltou um grande suspiro de alívio.

Sem dano. Sem má sorte.

Talvez fugir do leão fosse a coisa lógica a fazer. Alguns chamariam isso de prudência. Mas adivinhe? Benaia desapareceria nos anais da história e se perderia entre as almas tímidas que se encolhem de medo, em vez de dar um passo de fé.

Com certeza, há o momento de ser prudente. Mas também há o momento de ser valente.

Conheço muitas pessoas prudentes. Elas pagam seus impostos na data certa. Dirigem dentro dos limites de velocidade. E sempre têm um pacote com um par extra de roupa íntima. Respeito essas pessoas. Mas esse grau de respeito não se compara ao respeito que tenho por pessoas valentes.

Benaia poderia ter feito o que era prudente e fugido do leão. Tenho certeza de que havia uma voz em sua mente dizendo: "Não é prudente perseguir um leão". Todavia, a Escritura não descreve Benaia sendo prudente. Ela usa o adjetivo *corajoso*.

Perseguidores de leão não são as pessoas mais prudentes do planeta. Perseguidores de leões são oportunistas. Perseguidores de leão não focam o evitar problemas. O *modus operandi* dele é aproveitar as oportunidades ordenadas por Deus. E estas, como aconteceu com meu amigo advogado que virou criador de filmes, começam tipicamente como oportunidades do tipo semente de mostarda.

Benaia, como todo mundo, tinha de se testar. Ele começou como membro da guarda pessoal do rei de Israel. Essa era uma posição baixa na administração que mal pagava o suficiente para pôr alimento na mesa. É provável que ele precisasse de um segundo emprego. Mas é evidente que ele provou sua capacidade, pois foi designado comandante de um exército e liderava uma divisão de 24 mil homens (1Crônicas 27.5). E é provável que Benaia tenha provado seu valor de novo, porque Salomão, sucessor de Davi, nomeou-o comandante-em-chefe de todo o exército de Israel.

Como Benaia cumpriu seu destino e realizou seu sonho? Como ele galgou os degraus do comando militar até o topo da escada? Como ele se tornou a pessoa mais poderosa de Israel e ficou próximo do próprio rei?

Ele fez isso aproveitando uma oportunidade de cada vez.

O que deixamos de perceber é que Benaia teve de compor um currículo, inserir referências adicionais, ser entrevistado e conseguir autorização como segurança antes de conseguir o posto como membro da guarda pessoal.

Nada mudou em 3 mil anos. Os sonhos ainda são realizados por meio de uma oportunidade de cada vez.

Por isso, eis o meu conselho. Não siga apenas a direção da prudência. Esforce-se pela valentia. Faça o telefonema. Candidate-se a um programa. Envie o *e-mail*. Entregue sua carta de demissão. Marque a reunião.

A genealogia do sucesso sempre tem origem nas oportunidades do tipo semente de mostarda. Pelo que isso vale, acho que falhamos em aproveitar as pequenas oportunidades porque procuramos as grandes oportunidades. Todavia, a Escritura diz para não desprezarmos as coisas pequenas.

Benaia começou como guarda pessoal. Josué era assistente pessoal. Eliseu era um interno. E Neemias era copeiro.

Prove a si mesmo quando as pequenas oportunidades se apresentarem. E, quando você fizer isso, Deus porá oportunidades maiores e melhores em seu caminho.

Oportunidade para administrar os recursos de Deus

É provável que você nunca tenha ouvido falar dele antes. Seu nome é mencionado apenas uma vez, em um versículo, em um capítulo, em um livro da Bíblia. Mas esse único versículo fala alto e em bom som. Ele é uma nota de rodapé bíblica, mas ele, como Benaia, faz algo bastante extraordinário. Ele sozinho liberta os israelitas dos filisteus.

> Depois de Eúde veio Sangar, filho de Anate, que matou seiscentos filisteus com uma aguilhada de bois. Ele também libertou Israel. (Juízes 3.31)

Sangar, até onde sabemos, não tinha armadura, nem treinamento militar, nem armas. Não há nada que o qualifique para fazer o que fez. Sangar era um lavrador. E tudo que ele tinha era uma aguilhada, uma longa vara usada para cutucar os bois enquanto aravam.

Quando procuramos armas para empreender uma guerra, uma aguilhada de bois não estaria nem mesmo na lista. Imagine o que Sangar faria com uma arma de verdade, uma espada ou uma lança. Todavia, Sangar não tinha espada nem lança. Tudo que ele tinha era uma aguilhada de bois. Ele apenas fez o melhor que pode com o que tinha.

Sangar e Benaia são espíritos afins. Os dois demonstraram coragem épica. Os dois desafiaram as probabilidades. Os dois mudaram o curso da história. E os dois podiam encontrar um motivo lógico para não se envolver.

Sangar tinha uma desvantagem numérica de 600 para 1. E tudo que ele tinha era uma aguilhada de bois.

O egípcio tinha uma lança do tamanho de um bastão de tecelão. E tudo que Benaia tinha era um cajado.

No entanto, perseguidores de leão não procuram desculpas. Eles não focam as desvantagens. Eles encontram uma forma de fazer as circunstâncias trabalharem a seu favor. Se for necessário, eles dão um golpe de luta livre no egípcio e arrancam a lança de sua mão.

Não é irônico que algumas pessoas que têm tanto façam *tão pouco*, e outras que têm tão pouco façam *tanto*? Perseguidores de leão não deixam que o que eles *não podem* fazer os impeça de fazer o que *podem*.

Tenho uma definição simples de sucesso. Sucesso é fazer o melhor que puder com o que você tem e onde você está. O sucesso, em certo sentido, é relativo. O sucesso é algo único como sua impressão digital. Ele parece diferente para pessoas distintas dependendo de suas circunstâncias e dons. Mas há um denominador comum que vejo em toda pessoa bem-sucedida. Elas podem detectar uma oportunidade a um quilômetro de distância. E elas agarram a oportunidade com ambas as mãos. Elas agarram a vida pela juba. E a oportunidade de administrar os recursos de Deus se refere a isso.

Pense em toda oportunidade como um presente de Deus. O que você faz com cada uma delas é seu presente *para* Deus.

Aproveitem ao máximo todas as oportunidades. (Colossenses 4.5)

Essa passagem não especifica se são muitas ou poucas oportunidades. Ela não identifica quão pequenas ou grandes são. Apenas devemos aproveitar ao máximo todas elas (Zacarias 4.10).

A palavra traduzida por *oportunidade* é o termo grego *kairos*. Ela se refere a "uma janela de oportunidade descoberta acidentalmente". Ver e agarrar as oportunidades é uma dimensão negligenciada e pouco valorizada da maturidade espiritual. Todo dia está repleto de incontáveis oportunidades ordenadas por Deus. Não há nem um dia em que não tenhamos a chance de amar, de servir, de doar ou de aprender.

Contudo, há uma pegadinha. O antigo aforismo está errado. A oportunidade não bate à porta. Ela ruge!

A maioria de nós quer a oportunidade lindamente empacotada e apresentada a nós como um presente que precisa apenas ser desembrulhado. Queremos os leões empalhados, enjaulados, ou cozidos ao ponto e servidos em prato de prata. Contudo, as oportunidades, como é típico, apresentam-se nos momentos e lugares mais inoportunos.

Os dois moabitas não marcaram um compromisso com o assistente de Benaia. O egípcio não bateu *à* porta. Ele *derrubou* a porta. E o leão não rolou e se fingiu de morto.

Eis a grande ironia em relação às oportunidades. Elas, em geral, vêm disfarçadas de problemas insuperáveis. Elas parecem leões de 226 quilos que querem comê-lo no almoço. Ou elas parecem 600 filisteus atacando você.

Para a média das pessoas, as circunstâncias apresentadas a Benaia seriam problemas dos quais devemos fugir, não oportunidades a ser aproveitadas. Mas Benaia não viu um problema de 226 quilos. Ele viu uma pele de leão pendurada em sua tenda.

Perseguidores de leão são o tipo de pessoa que se mostra à altura da situação. Perseguidores de leão são o tipo de pessoa que se recusa a ser intimidada por moabitas ou filisteus. Perseguidores de leão jogam para ganhar. Eles lutam pelo que acreditam. Eles não passam a vida de cócoras. Eles passam a vida na ponta dos pés à espera do que Deus mandará fazer a seguir.

Sistema reticular ativador

Parte de mim se pergunta se Benaia aprendeu a orar com Davi. Faria sentido, certo? Benaia, como seu guarda pessoal, nunca saía do lado de Davi. Quando Davi ia para seu aposento de oração, Benaia ficava de guarda na porta. Ele não podia evitar ouvir a oração de Davi. E, quanto a esse assunto, Davi parece-me o tipo de camarada que oraria com sua equipe. A oração era parte da urdidura e trama da rotina diária de Davi. E acho que isso passou para Benaia. Acho que Benaia aprendeu a viver no modo de oração com o próprio guerreiro da oração, o rei Davi.

Salmos 5.3 revela a forma como Davi iniciava cada dia: "De manhã ouves, SENHOR, o meu clamor; de manhã te apresento a minha oração e aguardo com esperança".

Uma de nossas maiores falhas espirituais é ter *baixa expectativa*. Não esperamos muito de Deus porque não pedimos muito.

Quando minha vida de oração está atingindo todos os oito cilindros, acredito em Deus para tudo. Mas, quando estou em uma baixa de oração, tenho dificuldade de acreditar em Deus para qualquer coisa. A baixa expectativa é um subproduto da falta de oração; mas a oração tem uma forma de deixar nossa expectativa do tamanho de Deus. Davi mal podia esperar para ver o que Deus faria a seguir porque vivia no modo de oração. Quanto mais você ora, mais altas são suas expectativas.

A oração não só santifica as expectativas, mas também cria categorias cognitivas.

Deixe-me tentar explicar como isso funciona do ponto de vista neurológico.

Na base do tronco cerebral existe um conjunto de células nervosas chamadas sistema reticular ativador (SRA). Somos bombardeados constantemente por incontáveis estímulos — vistas, sons e aromas. Se tivermos de processar todos os estímulos ou prestar atenção a todos eles ficaríamos loucos. O SRA determina o que deve ser percebido e o que continua despercebido. Pense nisso como seu sistema de radar mental.

Aconteceu uma coisa interessante quando comecei a escrever *Na cova com um leão em um dia de neve*. Escrevia tanto sobre leões e pensava tanto neles que comecei a perceber leões em todos os lugares para os quais olhava. Comecei a ver as logomarcas que usam leão. Comecei a ver a quantidade de camisetas com desenho de leão. Comecei a ver estátuas de leão na frente de incontáveis edifícios. Tenho certeza de que eles estavam lá todo o tempo, mas não os tinha notado antes. Por quê? Porque não estava procurando por eles. Não tinha uma categoria cognitiva para leões. Então o que aconteceu? *Na cova com um leão em um dia de neve* criou uma categoria em meu sistema reticular ativador. Agora, percebo os leões sempre que os vejo e em qualquer lugar que os veja.

Você vivencia o mesmo fenômeno com tudo que possui. Quando compra um telefone celular, ou uma roupa, ou um carro, isso cria uma categoria em seu sistema reticular ativador. Você nota se outro telefone celular tem o mesmo toque de campainha que o seu, certo? Porque você gosta de atender suas ligações. Você nota se alguém usa a mesma roupa que você em um evento (Você pode dizer que é desagradável?). E no segundo que você sai com seu carro novo do estacionamento parece que todo mundo dirige o mesmo modelo que o seu.

Essa é a função do SRA. Você não tinha uma categoria para sua roupa nova, ou seu toque de celular, ou seu carro, antes de comprá-los. Mas, uma vez feita a compra ou definido o toque da campainha do celular ou dirigindo fora da concessionária, você tem uma nova categoria cognitiva.

E o que isso tem que ver com oração?

Quando oramos por alguém ou por alguma coisa, isso cria uma categoria em nosso sistema reticular ativo. A oração é importante pelo mesmo motivo que os objetivos são importantes. Precisamos criar categorias para que percebamos toda e qualquer coisa que nos ajude a realizar esses objetivos ou a resposta dessas orações. Conforme lembro nossa congregação o tempo todo: se você quiser ver e aproveitar as oportunidades ordenadas por Deus, tem de viver no modo oração.

Em um sentido, os heroicos atos de coragem de Benaia não foram planejados. Contudo, não pense que Benaia não estava preparado. Ele não podia prever quando, como nem onde o encontro com o leão aconteceria, mas ele preparava-se para isso desde menino. Você não consegue imaginar Benaia lutando com seu pobre gatinho que fazia as vezes de um leão imaginário? Ele praticou sua perícia de esgrimista em frente do espelho até esta se tornar sua segunda natureza. E ele encenou batalhas com seus irmãos. Assim, quando o leão atravessou seu caminho, ele não considerou isso *má sorte*. Ele entendeu o que aquilo representava: *uma designação divina*. No sentido literal do termo, ele aproveitou a oportunidade. O leão não pegou Benaia de surpresa. Ele esperara por isso durante toda sua vida.

Carpe felino!

Modo oração

Dediquem-se à oração, estejam alerta e sejam agradecidos. (Colossenses 4.2)

Se quiser tirar o máximo de cada oportunidade, você tem de se dedicar à oração, estando alerta.

A palavra *alerta* é um regresso aos vigias do Antigo Testamento, cujo trabalho era ficar sentado em cima do muro da cidade examinando o horizonte e ficando alerta. Eles eram os primeiros a ver um exército inimigo ou os comerciantes itinerantes. As pessoas que vivem no modo oração são vigias. Elas veem mais que os outros. Elas veem as coisas antes dos outros. E elas veem coisas que os outros não veem.

As pessoas que vivem no modo oração enxergam oportunidades que outros nem mesmo percebem. As pessoas que não vivem no modo oração são *cegas para as oportunidades*.

Existem apenas duas maneiras de viver: no modo sobrevivência ou no modo oração.

O modo sobrevivência é simplesmente reagir às circunstâncias a sua volta. É uma existência tipo pingue-pongue. E, para ser totalmente honesto, é previsível, monótona e aborrecida.

O modo oração é exatamente o oposto. Sua antena espiritual está ativa; e seu radar, ligado. Seu sistema reticular ativo está em posição de alerta máximo. A oração o deixa em uma postura proativa. Na verdade, a palavra aramaica para oração, *slotha*, quer dizer "armar uma armadilha". A oração ajuda-nos a pegar todas as oportunidades que Deus põe em nosso caminho.

Se Benaia estivesse no modo sobrevivência, a reação dele à situação seria fugir do leão. Contudo, viver no modo oração tornou-o proativo. Ele sabia que Deus guiava seus passos até mesmo quando encontrou marcas de patas em seu caminho. Ele sabia que o leão era o almoço.

Viver no modo oração é a diferença entre ver *coincidência* e *providência*. A oração tem uma forma de nos ajudar a perceber que o que descartamos como acidentes humanos, na verdade, são ordenações divinas. Tudo que sei por experiência pessoal é isto: quando oro, as providências acontecem.

Agora, deixe-me tirar um pouco da pressão. Você não tem de produzir oportunidades. Na verdade, você não pode produzi-las. Isso faz parte do trabalho de Deus. Ele prepara boas obras à frente. E isso deve nos dar um tremendo senso de destino. Você terá muitas oportunidades ordenadas por Deus. Seu trabalho é identificar e aproveitar essas oportunidades sintonizando a voz mansa e delicada do Espírito Santo. E você se espantará em verificar como esses sussurros do Espírito o levam aonde Deus quer que vá.

Quando a National Community Church começou a sair do chão, o escritório da igreja era um quarto excedente da nossa casa. O quarto, depois de nossa filha Summer nascer, passou a ter função dupla, escritório de dia e quarto de dormir à noite. O berço portátil dela era armado e desarmado todos os dias; mas ele ficou velho muito rapidamente e então começamos a procurar freneticamente um espaço para o escritório da igreja. No curso dos quatro meses seguintes, encontramos dois lugares que pareciam perfeitos, e fizemos oferta para os dois lugares; mas as propostas foram recusadas. Honestamente, parecia que Deus puxara o tapete duas vezes.

Certo dia, caminhava da Union Station para casa e passei em frente à casa geminada na rua 205 F, NE. Não havia placa de "vende-se" nem de "aluga-se", mas senti-me impelido a telefonar para o proprietário. O Espírito Santo, de alguma forma, trouxe à tona o nome dele do recôndito do meu subconsciente. Essa é a maneira como consigo descrever o ocorrido. Conhecera o dono do local um ano antes, mas não sou bom para nomes. Para ser honesto, não tinha 100% de certeza de que o nome que aflorara era mesmo o do proprietário da casa, mas procurei na lista telefônica e disquei o número.

Apresentei-me e, antes que pudesse dizer o motivo do telefonema, ele interrompeu-me e disse: "Estava pensando em você. Na verdade, estava prestes a telefonar para você. Estou pensando em pôr a casa da rua 205 F para vender, e pensei que você pudesse estar interessado".

O sincronismo de Deus é perfeito!

Não só compramos a casa da rua 205 F, mas isso nos deu uma base de apoio para alcançar a casa vizinha na rua 201 F. Não consigo contar quantas vezes pusemos as mãos nos tijolos da parede da 205 F e pedimos a Deus que nos desse a propriedade vizinha. Essa propriedade vizinha agora é a casa de café Ebenézer. E, se as coisas caminharem conforme o planejado, essa será a primeira de muitas. Mas não importa quantas casas de café abramos, todas remontam ao incitamento do Espírito Santo enquanto eu estava no modo oração.

Quando vejo minha vida em retrospectiva, percebo que as maiores conquistas aconteceram quando eu estava no modo oração. A oração é uma incubadora de oportunidade. Quando não estou no modo oração, tenho *boas* ideias. Mas, quando estou no modo oração, *Deus* tem ideias. E é preferível ter uma ideia de Deus a ter milhares de boas ideias minhas.

Engula a baleia

Jeremias 46.17, na minha avaliação, é um dos versículos mais tristes da Escritura: "O faraó, rei do Egito, é barulho e nada mais! Ele perdeu a sua oportunidade".

O faraó governava uma das mais avançadas civilizações antigas da terra. Pense na influência dele. Pense na riqueza dele. Os recursos do reino todo estavam à sua disposição. Não obstante, ele deixou escapar seu momento. A oportunidade veio e foi sem que o faraó a visse ou a aproveitasse. Que desperdício.

A palavra *oportunidade* deriva da expressão latina *ob portus*. Antes dos portos modernos, os navios tinham de esperar a maré alta para aportar. A palavra latina *portu* refere-se ao "momento em que a maré viraria". O capitão e a tripulação esperavam por aquela oportunidade e sabiam que se a perdessem, tinham de esperar até outra maré alta.

Shakespeare, em um dos famosos versos de *Júlio César*, emprestou esse conceito.

> Os negócios humanos apresentam altas como as do mar: aproveitadas, levam-nos as correntes à fortuna;
> mas, uma vez perdidas, corre a viagem da vida
> entre baixios e perigos.
> Ora flutuamos na maré mais alta.
> Urge, portanto, aproveitar o curso da corrente,
> ou perder nossas vantagens.

Em agosto de 1987, Howard Schultz enfrentou a maior decisão de sua vida. Foi-lhe apresentada a oportunidade de comprar uma pequena cadeia de casas de café chamada Starbucks. O preço era de 4 milhões de dólares. Para Schultz, parecia um empreendimento esmagador. Ele comentou que sentia que era algo do tipo: "o salmão engolir a baleia".[1]

Schultz reflete a respeito de sua decisão na autobiografia, *Dedique-se de coração*:

> Pensava: *Este é meu momento. Se não aproveitar essa oportunidade, se não sair de minha zona de conforto e arriscar tudo, se deixar o tempo correr muito, meu momento passará.* Sabia que, se não aproveitasse essa

---

[1] SCHULTZ, Howard. *Dedique-se — Starbucks coffee*. São Paulo: Negócio Editora, 1999.

oportunidade, ficaria remoendo isso em minha mente para o resto da vida, perguntando-me: *E se?*[2]

Schultz decidiu abrir mão de uma renda de 75 mil dólares de honorários e perseguir sua paixão pelo café. E, como dizem, o resto é história.

As ações da Starbucks vieram a público em 26 de junho de 1992. Foi a segunda ação mais comercializada na Nasdaq, e na campainha final, a capitalização da empresa ficou em 273 milhões de dólares, nada mau para um investimento de 4 milhões de dólares.[3]

Em geral, aproveitar uma oportunidade se parece com engolir uma baleia ou perseguir um leão. Mas, no fim de nossa vida, nós nos arrependeremos muito menos dos erros que cometemos que das oportunidades que perdemos. Estas serão os "e se" que nos perseguirão pelo resto da vida.

E se Howard Schultz não tivesse engolido a baleia?

É difícil imaginar a vida sem uma Starbucks em cada esquina de todas as cidades da galáxia, não é mesmo? Nossa vida teria tantos inconvenientes se não houvesse uma Starbucks em cada portão, em cada aeroporto do mundo civilizado.

No mundo dos negócios, chama-se perder uma oportunidade de "custo da oportunidade". Se Howard Schultz decidisse não comprar a Starbucks, isso não teria custado a ele nem um centavo em custo real. Na verdade, ele teria economizado 4 milhões de dólares. Mas o custo da oportunidade seria inacreditável.

A longo prazo, o custo da oportunidade sempre é mais danoso que o custo real.

---

[2] Idem, ibidem, p. 63.
[3] Idem, ibidem, p. 185.

Muitas pessoas pensam em justiça em termos do custo real, em vez de custo da oportunidade. Pensamos de forma errônea que justiça é *não fazer nada errado* quando, na verdade, justiça é *fazer algo certo*. Justiça não é apenas fugir do pecado, mas perseguir leões.

Lance a cautela ao vento

Sou um perfeccionista em recuperação. Tenho dificuldade para cortar o cordão umbilical de qualquer coisa, mas acho que Eclesiastes 11.1 é uma ótima prescrição para o perfeccionismo. E é a chave para aproveitar oportunidades. "Atire o seu pão sobre as águas, e depois de muitos dias você tornará a encontrá-lo".

Há um momento para ser cauteloso e um momento para lançar a cautela ao vento. Há um momento para testar as águas e um momento para lançar seu pão na água. Há um momento para ser prudente e um momento para ser valente. E é necessário muito discernimento para saber perceber esses momentos. Contudo, tenho certeza disto: se você esperar pelas condições perfeitas para aproveitar uma oportunidade, esperará até o dia de sua morte.

> Quem fica observando o vento não plantará, e quem fica olhando para as nuvens não colherá. (Eclesiastes 11.4)

Com frequência, e é isso que acontece na maioria das vezes, a única coisa entre você e seu sonho é uma desculpa racional. Meu amigo poderia arrumar centenas de desculpas para não ir a Uganda. Todavia, perseguidores de leão não procuram desculpas.

Sangar poderia justificar seu não-envolvimento. *Não tenho as armas corretas. Posso me machucar. Sou um lavrador, não um soldado. Não tenho o treinamento apropriado. Não estou no comando. Minha desvantagem numérica é de 600 contra 1.*

No entanto, Sangar não deixou que o que ele *não podia* fazer o impedisse de fazer o que *podia*.

> Que desculpas você arruma?
> *Estou muito ocupado.*
> *Não sou qualificado para isso.*
> *Sou muito qualificado para isso.*
> *Estou com problemas demais.*
> *Não tenho dinheiro suficiente.*
> *Ainda não estou preparado.*
> Nova chamada: você nunca estará preparado.

Eu não estava preparado para pastorear uma igreja. Não estava preparado para casar. Não estávamos preparados para ter filhos. Não estávamos preparados para lançar a segunda unidade da igreja. E não estávamos preparados para abrir a casa de café.

Você nunca estará preparado. Mas você está em boa companhia; Jesus não estava preparado! Logo antes de seu primeiro milagre, houve uma sugestão de hesitação: "A minha hora ainda não chegou" (João 2.4). Todavia, Jesus tinha uma mãe que o amava o bastante para puxá-lo para fora do ninho.

Talvez seja o momento de tirar o pó daquele sonho que Deus lhe concedeu. Talvez seja o momento de jogar a luva na arena. O que você está esperando?

Mark Burnett, em seu livro *Jump in* [Não perca tempo], escreve sobre sua jornada para o estrelato como produtor de TV. Ele é o criador do seriado *Survivor* [Sobrevivente] e *The Apprentice* [O Aprendiz]. No livro, ele delineia sua filosofia de negócio, e essa é uma boa filosofia de vida:

Nada será sempre [...] perfeito, e nada pode ser totalmente planejado. O melhor que você pode esperar é estar meio certo em relação à metade de seu plano e saber que você e a equipe que reuniu estão dispostos a trabalhar firme o bastante para superar os inevitáveis problemas, quando eles chegarem. E eles chegarão. A única coisa da qual você tem certeza em negócios é que os problemas nos quais não pensou, por fim, surgem — e sempre nos piores momentos.[4]

"O melhor que você pode esperar é estar meio certo em relação à metade de seu plano." Essa é uma paráfrase bastante boa de Eclesiastes 11. Por isso, não vigie o vento. Não olhe para as nuvens. Você tem de jogar seu pão na água. Afinal, a disposição para fracassar é um prerrequisito para o sucesso.

Batismo por imersão

Até onde sabemos, Benaia não teve acesso ao *Manual de habilidades básicas para perseguir leões* nem ao *Combate corpo-a-corpo avançado: como tirar uma lança da mão de um egípcio de 2,25 metros de altura*. E, mesmo que ele tivesse acesso a essas instruções, não acredito que os registros de uma academia o colocariam na guarda pessoal de Davi.

Há uma diferença entre registro e currículo. Uma transcrição revela o que *sabemos*. É quem somos no papel. O currículo revela o que *fizemos*. Alguns de nós agimos como se nosso registro fosse tudo que importasse. Mas conhecimento não é o objetivo final. O que realmente importa é o que fazemos com o que sabemos. Honestamente, não me importa se você comprou o *Manual de habilidades básicas para perseguir leões*. Você já perseguiu um leão em uma cova em um dia de neve e o matou? Não tenho nada contra a educação formal. Não troco minha educação universitária nem minha graduação por

---

[4] BURNETT, Mark. *Jump In!: Even If You Don't Know How to Swim*. Nova York: Ballantine Books, 2005, p. 12.

nada. Contudo, há algumas lições que só podem ser aprendidas fora do ambiente de sala de aula, na escola dos golpes duros.

Quando, aos 19 anos, senti o chamado para o ministério em tempo integral, logo comecei a pregar. Não consegui nenhum serviço de pregação em igrejas; portanto, comecei a pregar em abrigos de sem-teto e em casas de saúde.

Jamais esquecerei um de meus sermões na casa de saúde. No meio da minha mensagem, uma mulher idosa que sofria de senilidade se levantou e começou a tirar a roupa. É muitíssimo difícil manter a atenção das pessoas quando uma *stripper* começa a executar seu número no meio do culto, mesmo se a *stripper* tiver 87 anos. A seguir, ela começou a gritar a plenos pulmões: "Tire-o daqui! Tire-o daqui!". Pouca coisa pode perturbá-lo depois disso.

Quando fui para a faculdade de Bíblia, decidi não apenas frequentar uma igreja grande, e aprender assistindo, como também frequentar uma igreja minúscula, com média de frequência de 12 pessoas. Queria aprender fazendo. Algumas daquelas primeiras mensagens eram bem patéticas, mas foi assim que aprendi.

Quando comecei a pastorear a National Community Church, não tinha nenhuma experiência pastoral. Fizera internato por apenas um verão, e tudo que fiz nele foi organizar a liga de futebol dos homens. Mas queria aprender a pastorear, pastoreando. Cometi muitos erros, mas os erros são bons se você aprender com eles.

Acredito em batismo por imersão. A melhor maneira de descobrir o que você ama e no que é bom é tentar muitas coisas diferentes.

> Plante de manhã a sua semente, e mesmo ao entardecer não deixe as suas mãos ficarem à toa, pois você não sabe o que acontecerá, se esta ou aquela produzirá, ou se as duas serão igualmente boas. (Eclesiastes 11.6)

E só para constar, a média dos graduados em faculdade trocarão de emprego dez vezes. Eles também mudarão a direção de sua carreira de três a cinco vezes. Você não precisa acertar na primeira vez. Mas tem de plantar sua semente. Precisa começar em algum lugar.

Para Benaia, o sonho de se tornar comandante-em-chefe de Israel começou com a perseguição a um leão. Para Sangar, começou com uma aguilhada de bois. Para meu amigo produtor de filmes, começou com uma pesquisa na Internet.

Não sei que sonho Deus o chama a perseguir, mas sei isto: o sonho se torna realidade aproveitando uma oportunidade de cada vez. E se você *trabalhar como se tudo dependesse de você* e *orar como se tudo dependesse de Deus*, não é possível dizer o que Deus fará em você e por seu intermédio.

Revisão do capítulo 7

Pontos a lembrar

- Nosso destino supremo é determinado pelo fato de aproveitarmos ou não as oportunidades ordenadas por Deus que se apresentam para nós.
- Prove a si mesmo quando as pequenas oportunidades se apresentarem. E, quando você fizer isso, Deus porá oportunidades maiores e melhores em seu caminho.
- Perseguidores de leão não deixam que o que eles *não podem* fazer os impeça de fazer o que *podem*.
- Se você quiser ver e aproveitar as oportunidades ordenadas por Deus, tem de viver no modo de oração.
- Se você esperar pelas condições perfeitas para aproveitar uma oportunidade, esperará até o dia de sua morte.
- Você não precisa acertar na primeira vez. Mas tem de plantar sua semente. Precisa começar em algum lugar.

Inicie sua caçada

Mark diz que "a disposição para fracassar é um pré-requisito para o sucesso". O medo de fracassar o impede de aproveitar as oportunidades? Que atitudes práticas você pode adotar para ter menos medo de fracassar?

CAPÍTULO 8

A importância de parecer tolo

> *Tentamos ser racionais demais a respeito do que acreditamos. O que acreditamos não é de forma alguma racional. Na verdade, isso é hilariamente impossível. Coisas possíveis não valem muito. São as coisas loucas e impossíveis que nos mantêm caminhando.*
>
> MADELEINE L'ENGLE

No sexto ano da Madison Junior School [Escola de Ensino Médio Madison], em Naperville, Illinois, vivenciei um de meus momentos mais embaraçosos. Em criança, gostava de andar na moda. Mas meu guarda-roupa sofria de mau funcionamento. Cometi a gafe imperdoável em termos de roupa. Usei uma camiseta *pink*, da marca da moda, para ir à escola e paguei o preço!

No ensino fundamental, eu era bastante popular. Foram anos cheios de ótimas recordações e de ótimos amigos. Mas senti-me solitário e abandonado no dia em que vesti a camiseta *pink* para ir à escola. Meus amigos me abandonaram. Meus inimigos me perseguiram. Não era importunado com frequência, mas recebi minha quota anual em um dia.

Não sei exatamente o que aconteceu com aquela camiseta, mas sei que nunca mais a usei. Por quê? Porque quando você atinge o ensino médio, o *modus operandi* ainda está se *ajustando*. Você quer ser como todo mundo. Chame isso de pressão dos pares. Chame isso de mentalidade de rebanho. Chame isso de coisa de grupo. Chame como você quiser. Há um desejo inato em cada um de nós de ser aceito a qualquer custo. Por isso, aprendemos desde a mais tenra idade a ser conformistas.

Tentamos *parecer* como todos os outros. Tentamos *conversar* como todos. Tentamos *vestir*-nos como os outros. E o resultado final disso? Tornamo-nos iguais aos outros. Escondemos nossas idiossincrasias e inseguranças por trás da máscara de quem achamos que devemos ser. Deixamos de ser nós mesmos e começamos a ser quem achamos que todos querem que sejamos.

Contudo, algo inestimável e insubstituível perde-se quando nos submetemos à conformidade. Perdemos nossa personalidade. Perdemos nossa originalidade. E, no mesmo ponto, perdemos nossa alma. Em vez de nos tornarmos a pessoa original, que somos destinados a ser, tomamos a direção de ser uma cópia de alguém.

E, ao fazer isso, rumamos para algo menor do que Deus pretendia para nós. Se você pretende desafiar as probabilidades, enfrentar seus medos, recompor seus problemas, assumir o risco e aproveitar as oportunidades ordenadas por Deus, você tem de estar disposto a parecer tolo aos olhos do mundo. Porque não importa o que possa parecer, mas fazer a vontade de Deus nunca é tolice.

O MEDO DE PARECER TOLO

Acredito que em algum lugar em nosso íntimo exista um anseio primordial de fazer algo louco por Deus. Queremos perseguir um leão como Benaia. Todavia, nosso medo de parecer tolo nos mantém amarrados e trancados no porão.

Uma pesquisa após outra descobre que o medo número 1 da maioria das pessoas é falar em público. A morte está classificada como o segundo maior medo. Isso quer dizer que algumas pessoas prefeririam morrer a falar em público. Por quê? É o medo que temos de parecer tolos.

É o medo de parecer tolo que nos impede de levantar a mão no quarto ano do ensino fundamental. *Os outros rirão se der a resposta errada.* É o medo de parecer tolo que o impede de marcar encontro com alguém. *Não sei se consigo lidar com a rejeição se a pessoa disser "não".* É o medo de parecer tolo que nos impede de mudanças maiores ou mudança de emprego. *As pessoas pensarão que não sei o que quero.* É o medo de parecer tolo que nos impede de orar por um milagre. *E se Deus não responder a minha oração da forma que quero?*

Mas eis o problema: se não estiver disposto a parecer tolo, você é tolo. Na verdade, fé *é* a disposição de parecer tolo.

Noé pareceu um tolo ao construir uma arca no deserto (Gênesis 5.32-9.29). Sara pareceu tola ao comprar roupas de grávida aos 90 anos. (Gênesis 11.29-23.1) Os israelitas pareceram tolos marchando em volta de Jericó tocando trombetas (Josué 5.13-6.27). Davi pareceu tolo ao atacar Golias com um estilingue (1Samuel 17.1-50). Benaia pareceu tolo perseguindo um leão. Os magos pareceram tolos seguindo uma estrela longínqua (Mateus 2.1-12). Pedro pareceu tolo ao sair do barco no meio do lago (Mateus 14.22-33). E Jesus pareceu tolo pendurado meio nu na cruz (Mateus 27-28; Marcos 15-16; Lucas 22-24; .João 19-20).

Mas essa é a essência da fé. E os resultados falam por si mesmos.

Noé foi salvo do dilúvio. Sara deu à luz Isaque. Os muros de Jericó ruíram. Davi derrotou Golias. Benaia matou o leão. Os magos encontraram o Messias. Pedro andou sobre a água. E Jesus ressuscitou da morte.

Posso contar-lhe por que algumas pessoas jamais mataram um gigante, nem andaram sobre a água, nem viram os muros ruírem? Porque não estavam dispostas a parecer tolas.

Tenho um bordão: "Chame-me de louco!". Na verdade, tornou-se mais que um bordão, transformou-se em um lema de vida.

Não tenho certeza do que se passava na mente de Benaia logo antes de perseguir o leão. Mas não me surpreenderia se ele pensasse: *Chame-me de louco*; ou: "Farei isso, mas é provável que não tenha sucesso". Existe algo mais temerário que perseguir um leão? Não obstante, Benaia sabia que era o seu momento da verdade. Perseguir leão ia contra tudo que sua mãe lhe ensinara. Esse é um dos movimentos mais contraintuitivos de toda a Escritura. Com certeza, ele se classifica como um dos atos mais loucos de coragem. No entanto, talvez seja por isso que Deus pôde transformar esse guarda pessoal em comandante-em-chefe do exército de Israel. O "quociente de loucura" dele era fora do padrão.

As grandes descobertas, os milagres e os momentos decisivos da Escritura podem ser seguidos novamente por alguém que esteja disposto a parecer tolo.

Primeira Coríntios 1.27 revela o *modus operandi* de Deus: "Mas Deus escolheu o que para o mundo é loucura para envergonhar os sábios".

Nada mudou!

Espiritualidade divergente

Recentemente, li um estudo fascinante sobre pensamento divergente. O pensamento divergente é originalidade intelectual. É o pensamento criativo e contraintuitivo. É pensar fora do padrão.

O estudo constatou que 98% das crianças em idade entre 3 e 5 anos pontuam na categoria de gênios por causa do pensamento divergente. Entre a idade de 8 e 10 a contagem cai para 32%. Na época em que as crianças se tornam adolescentes, o percentual cai para 10%. E apenas 2% das pessoas com mais de 25 anos pontuam na categoria de gênio por causa do pensamento divergente.

De acordo com John Putzier, que cita o estudo em seu livro *Get Weird* [Seja esquisito],[1] a solução para essa conformidade intelectual e atrofia criativa é "soltar sua esquisitice natural". Acho que ele caminha para alguma coisa.

Soltar sua esquisitice natural não é uma chave apenas para o pensamento divergente, mas também para a *espiritualidade divergente*. Você leu a Bíblia nos últimos tempos? Ela tem muita coisa extravagante e excêntrica! Pelo valor aparente, Deus faz e diz muitas coisas muitíssimo esquisitas. Ele diz a Ezequiel para que cozinhe seu alimento durante 390 dias usando fezes humanas como combustível (Ezequiel 4.12). O que quer dizer isso? Deus usa uma jumenta para falar com Balaão (Números 22.28). Isso é diferente. Deus fala para Oseias casar com uma mulher adúltera (Oseias 1.2,3). Hum? E sobre falar em línguas no dia de Pentecoste? Isso é absolutamente estranho.

No entanto, todos esses enredos secundários revelam algo importante: Deus ama a variedade. Ele fala e age de diversas maneiras.

Posso ser direto e dizer isto? A normalidade é sobreestimada.

Pense dessa maneira. Somos chamados a nos conformar a Cristo. E Cristo era um dissidente. Portanto, conformar-se a Cristo resulta em dissidência.

Pessoas demais em igrejas demais parecem semelhantes demais. Se há um lugar em que se deve celebrar a diversidade é na igreja. Lá nunca

---

[1] PUTZIER, John. *Get Weird!: 101 Innovative Ways to Make Your Company a Great Place to Work*. Nova York: American Management Association, 2001, p. 7-8.

houve nem haverá alguém igual a você. E isso atesta de você, mas atesta de Deus que o criou. A diversidade é a celebração da originalidade.

Temos um valor fundamental na National Community Church [Igreja Comunidade Nacional]: maturidade não é a mesma coisa que conformidade. Muitas igrejas equiparam santidade com conformidade cultural. Um código de vestimenta ou de fala torna-se o padrão que determina a justiça. E, contanto que você não diga as coisas erradas nem vá aos lugares errados, está tudo certo com você. Mas isso não é maturidade. Isso é superficialidade. Isso é espiritualidade superficial. E resulta em um bando de cristãos clonados que parecem iguais, falam igual, pensam igual e se vestem igual. Isso além de ser maçante, não é bíblico. A Escritura descreve a igreja como um corpo. Portanto, devemos ser tão diferentes quanto nosso dedão do pé, pelos do nariz e rótula.

Uma dimensão do crescimento espiritual é apenas admitir *quem somos* e *quem não somos*. E, no fim do dia, prefiro desagradar pelo que sou a ser querido pelo que não sou.

Banque o tolo

Gordon MacKenzie, por mais de trinta anos, trabalhou na Hallmark, e, por fim, a companhia resolveu criar um título para ele: "paradoxo criativo". Além da desafiante normalidade associada ao Hallmark, MacKenzie realizou muitas oficinas criativas para escolas de ensino fundamental. E essas oficinas levaram a várias observações fascinantes que ele compartilha em seu livro *Orbiting the Giant Hairball* [Gravitar em torno do entrelaçamento gigantesco].

MacKenzie perguntava às crianças: "Quantos artistas há na classe?". E ele diz que o padrão de resposta nunca variou.

No primeiro ano, todas as crianças da classe levantavam o braço com entusiasmo. Toda criança era um artista. No segundo ano, cerca de metade delas levantava a mão. No terceiro ano, ele conseguia cerca de 10 a 30. E quando chegava ao sexto ano, apenas 1 ou 2 crianças indecisas e pouco à vontade levantavam o braço.

Todas as escolas às quais ele foi pareciam envolvidas na "supressão do gênio criativo".[2] Elas não faziam isso de propósito, mas o objetivo da sociedade é nos tornar menos tolos. Como MacKenzie diz: "Do berço à sepultura a pressão é: seja normal".[3]

MacKenzie chega a esta conclusão:

> Tenho a impressão de que houve um tempo — talvez quando você fosse muito jovem — em que tinha, pelo menos, uma fugaz noção de seu próprio gênio e estava apenas à espera de que uma figura de autoridade o validasse para você. Mas nunca chegou ninguém.[4]

Entra em cena Jesus. Nosso tolo interior pode ser acorrentado e engaiolado por um mundo que o suprime. Contudo, Jesus vem para libertar o tolo.

Não acho que conseguimos entender todas as implicações da missão dele "para proclamar liberdade aos presos" (Lucas 4.18). Isso representa mais que libertação do pecado. Ele veio para nos livrar da camisa-de-força que vestimos em nós mesmos. Isso se refere a algo mais que a eliminação do pecado. Refere-se à redenção do nosso potencial concedido por Deus. Não se refere a não fazer nada errado. Refere-se a darmos tantas contribuições únicas quanto conseguirmos.

Mas você tem de soltar o seu tolo.

Recentemente, o jornal *Los Angeles Times* escreveu uma história que mencionava a National Community Church e a escritora-assistente

---

[2] MACKENZIE, Gordon. *Orbiting the Giant Hairball: A Corporate Fool's Guide to Surviving with Grace*. Nova York: Viking Adult, 1998, p. 20.
[3] Idem, ibidem, p. 23.
[4] Idem, ibidem, p. 23-24.

encontrou um adjetivo interessante para me descrever. Não sei se seria minha primeira escolha. Ela referiu-se a mim como *palhaço*. Com toda imparcialidade, ela visitou meu *blog* e viu um vídeo em que eu dançava de forma exuberante no espelho d'água em frente do Lincoln Memorial. Assim, *palhaço* foi uma escolha indulgente de adjetivo.

No dia seguinte ao da impressão do artigo, levava meus filhos para a escola e queria a avaliação deles. Disse: "Vocês acham que seu pai é palhaço?". A resposta foi rápida e decisiva. Um pouco rápida demais e um pouco decisiva demais!

Summer disse: "Hum, hum!", com um grande sorriso.

E Parker acrescentou um prolongado: "Ohhhhh, é meeeeesmo!".

Na verdade, procurei a palavra *palhaço* no dicionário e tive sentimentos contraditórios com o que encontrei:

Fantástica ou absurdamente ridículo.

Isso não soa exatamente como um cumprimento. Mas talvez seja. Honestamente, pergunto-me se nos esquecemos do que representa seguir as pegadas de Cristo. Tenho medo que nossa versão de semelhança a Cristo seja uma forma muito civilizada e sanitizada. Pergunto-me se ficamos cegos para as sandices que encontramos nos evangelhos.

Jesus tocou leprosos, curou no sábado, defendeu adúlteras, favoreceu prostitutas, lavou os pés dos discípulos, enfureceu-se no templo, conversou com samaritanos, participou de festas com publicanos e ofendeu com regularidade os fariseus.

Estamos realmente seguindo as pegadas dele?

Apenas não estou convencido de que seguir a Cristo nos torna menos tolos.

NEOTENIA

Como liberamos a sandice, aquela esquisitice natural com que todos nascemos? Temos de voltar ao tempo em que 98% de nós eram gênios e em que levantávamos a mão para dizer que éramos artistas. Temos de seguir a advertência de Jesus: "E se tornem como crianças".

Não importa quão velho Davi ficou, sempre esteve em seu interior o menino pastor. E Benaia, mesmo quando era comandante-em-chefe do exército de Israel, em seu íntimo ainda era um adolescente perseguidor de leão. Perseguidores de leão não crescem nunca.

Uma de minhas palavras favoritas é *neotenia*. Ela deriva da palavra latina *juvenis* cujo sentido é "jovem, novo, juvenil". Neotenia refere-se a "apesar da maturidade, conservar a vivacidade, a característica, a flexibilidade e uma certa inocência que caracterizam os jovens".

Warren Bennis e Robert Thomas, em seu livro *Geeks and Geezers* [Tolos e esquisitos], identificam neotenia como uma qualidade de liderança indispensável.

> Neotenia é mais que reter a aparência de juventude, embora isso, com frequência, faça parte dela. Neotenia é a retenção daquelas qualidades maravilhosas que associamos com a juventude: curiosidade, jocosidade, impetuosidade, receptividade, entusiasmo, energia. Nossos esquisitos, ao contrário daqueles que foram destruídos pelo tempo e pela idade, permanecem como nossos tolos — receptivos, dispostos a assumir riscos, famintos por conhecimento e experiência, corajosos, ansiosos para ver o que o novo dia reserva.[5]

---

[5] BENNIS, G. Warren & THOMAS, Robert J. *Geeks and Geezers*. Cambridge, MA: Harvard Business School Press, 2002, p. 20.

Eis o que precisamos entender. Neotenia não é apenas um conceito agradável sobre pessoas que envelhecem bem ou lideram bem. Neotenia é o cerne daquilo que diz respeito ao Reino de Deus.

> Eu lhes asseguro que, a não ser que vocês se convertam e se tornem como crianças, jamais entrarão no Reino dos céus. (Mateus 18.3)

Sir John Kirk, naturalista inglês do século 19, disse certa vez que, se pudesse fazer as coisas de seu jeito, teria sempre uma criança localizada no centro de Londres — talvez nos arredores do mosteiro de Westminster ou da Catedral St. Paul. E ele disse que ninguém poderia concorrer a uma cadeira no Parlamento nem ser candidato ao cargo público sem antes permanecer um dia com aquela criança e passar em um teste feito com os métodos novos de pensamento, sentimento e expressão da criança.

A primeira vez que li isso pensei comigo mesmo: *Que ideia fascinante*. Depois, percebi que foi exatamente o que Jesus fez. Ele posicionou proverbialmente a criança bem no centro do Reino do céu. O Reino de Deus é centrado na criança. A forma como crescemos espiritualmente é nos tornando cada vez mais semelhantes à criança.

A palavra *tornar-se* quer dizer "reverter". Jesus veio para reverter o curso. E ele realizou isso com sua crucificação e ressurreição. Jesus pagou a pena por nossos pecados, mas isso é apenas o início. Jesus veio para reverter os efeitos psicológicos e espirituais do envelhecimento. Amo a forma como, alguns anos atrás, um membro da National Community Church colocou isso logo antes de seu batismo: "Agora sou a pessoa que era em criança — sempre alegre e risonha".

A conversão é o chute inicial em dois processos de santificação: semelhança com Cristo e com a criança. A maturidade espiritual é tornar-se cada vez mais semelhante a Cristo e a uma criança.

Recentemente, Kim, líder de um de nossos pequenos grupos, enviou-me um *e-mail* que capta a essência do que representa ser como uma criança.

> Como pais, impomos limites comportamentais às crianças, mas o potencial e a imaginação delas são ilimitados. Deus criou-nos dessa maneira. Certo dia, minha filha planejava crescer para se tornar uma princesa ou um cachorrinho. Ela não é limitada nem pela genealogia nem pela genética. Meu filho lhe dirá que será um astro do roque, um lixeiro, um entregador de jornal, um astronauta, um dos camaradas da Jungle Cruise [Aventuras na Selva], ou Aladim, dependendo do ânimo dele. Não ocorre a nenhum dos dois se é possível ou não fazer alguma dessas coisas!
>
> Nós internalizamos limites. Crescemos e envelhecemos. O que é pior, tornamo-nos pessoas pequenas com um Deus pequeno. Parte do *Neos* é recuperar a ilimitabilidade da juventude. Recuperar a noção de que fomos criados por um Deus sem limites para ter sonhos e imaginações sem limites.
>
> Você está ouvindo o que nos limita? "Também estou velho." "Tenho de pensar na minha família." "Tenho muito investido onde estou." "É muita loucura." "Isso nunca foi feito." "E se não der certo?" "É muito caro." A lista não tem fim. Lembre-se disto: servimos a um Deus sem limites e com recursos ilimitados. Um Deus que olhou para poucos pães e peixes e viu um banquete para 5 mil pessoas.

As crianças vivem em um mundo de possibilidades ilimitadas. Elas sonham crescer e se tornar perseguidoras de leão. Mas deixamos o inimigo roubar, matar e destruir esses sonhos infantis. A chave para recuperar esses sonhos é se tornar como uma criança.

Ter consciência da existência de Deus

> Quem se faz humilde como esta criança, este é o maior no Reino dos céus. (Mateus 18.4)

A humildade das crianças desarma, não é mesmo? Elas não têm orgulho nem preconceito. Elas não têm inibições nem propósitos secretos. Humildade pura.

A palavra *humilhar* vem do termo grego *tapeinoo*, que em seu sentido mais forte quer dizer "rebaixar". Ninguém é melhor em humildade que as crianças. Por quê? Porque elas não se importam com o que os outros pensam. Elas ainda não têm consciência de si mesmas.

Lembro-me de que, anos atrás, alguns amigos estavam em casa, e Parker correu pela casa gritando a plenos pulmões: "Capitão Cueca!". E, sem dúvida, tudo que ele vestia era a cueca. Os adultos não fazem isso. Por quê? Porque temos consciência de nós mesmos e ficamos constrangidos. Contudo, as crianças possuem uma inocência do tipo jardim do Éden, algo que todos nós desejamos.

Deixe-me apertar o botão de rebobinar e levá-lo de volta ao jardim do Éden antes da queda do homem. Ele era uma colônia nudista. Adão e Eva usavam, o dia todo, todo segundo, a roupa com a qual nasceram. E não havia vergonha. Contudo, algo aconteceu no exato segundo em que Adão e Eva desobedeceram à orientação de Deus e comeram da árvore do conhecimento do bem e do mal: "Os olhos dos dois se abriram, e perceberam que estavam nus; então juntaram folhas de figueira para cobrir-se" (Gênesis 3.7).

Antes da Queda, não havia inibições no Éden. Mas, no momento em que Adão e Eva pecaram, eles ficaram constrangidos. Em outras palavras, o constrangimento não é apenas uma maldição. Ele é parte da maldição.

Agora, passemos direto para o último capítulo do livro de Apocalipse. Bem, do outro lado do *continuum* espaço-tempo, receberemos não só o corpo glorificado, mas também os sentidos glorificados. Acho que veremos cores que não podemos ver hoje. Nosso âmbito de audição incluirá sons ultrassônicos e infrassônicos. Penso que sentiremos novos sabores e novos aromas. Será a experiência mais sensual que já tivemos. E acho que a consciência glorificada fará parte do pacote. Não acredito que haverá alguma inibição no céu. Estaremos tão arrebatados com Deus que não teremos nem um minuto a desperdiçar conosco.

Pense na maturidade espiritual como um *continuum*. De um lado está a *consciência de Deus* e de outro a *consciência de nós mesmos*. Tornar-se semelhante a Cristo representa ter menos consciência de si mesmo e mais consciência de Deus. O resultado final é a crucificação de inibições ímpias que nos impedem de perseguir leões.

> Não se embriaguem com vinho, [...] mas deixem-se encher pelo Espírito. (Efésios 5.18)

O vinho é o caminho errado para perder a inibição. O caminho certo é ter o espírito cheio do Espírito Santo. Gosto da forma que Ron Rolheiser, sacerdote e autor, expressa isso:

> Não é tarefa do Espírito Santo introduzir alguma loucura e emoção no mundo? Por que essa tendência ao equilíbrio e à segurança? Todos nós não ansiamos por um momento de puro risco, um momento de loucura divina?[6]

Ao olhar minha vida em retrospectiva, constato que é no momento de "puro risco" que me sinto vivo.

Talvez esteja na hora de adotar algumas perspectivas semelhantes às das crianças.

---

[6] ROLHEISER, Ronald. *Against an Infinite Horizon: The Finger of God in Our Everyday Lives*. Nova York: Crossroad, 2002.

SE VOCÊ NÃO ESTÁ DISPOSTO A PARECER TOLO, VOCÊ É TOLO

Davi, embora tenha galgado a carreira política e conquistado poder e prestígio, nunca perdeu sua capacidade de parecer tolo. Ele, até mesmo como rei, não tinha medo de se humilhar diante de Deus. E penso que foi por isso que Deus o usou de formas épicas.

Em 2Samuel 6, Davi acabara de ser coroado rei de Israel. Ele derrotara os filisteus e recuperara Sião. E Davi estava trazendo a arca da aliança de volta para Jerusalém. Pense nisso como o primeiro desfile cheio de pompa e circunstância.

> Aconteceu que, entrando a arca do SENHOR na Cidade de Davi, Mical, filha de Saul, observava de uma janela. E, ao ver o rei Davi dançando e celebrando perante o SENHOR, ela o desprezou em seu coração. (2Samuel 6.16)

Deixe-me fazer uma observação.

Quando você se entusiasma com Deus, não espere que todos a sua volta se sintam entusiasmados com o seu entusiasmo. Eis a razão para isso. Quando o Espírito Santo aumenta seu entusiasmo, isso desorganiza o *statu quo*. Algumas pessoas ficam entusiasmadas com o que Deus está fazendo em sua vida. Outras o condenam. E elas mascaram essa condenação pessoal encontrando alguma coisa para criticar. A crítica, nove entre dez delas, é um mecanismo de defesa. Criticamos nas outras pessoas o que não gostamos em nós mesmos.

Quando Davi chegou em casa, sua esposa o repreendeu. Mical destila sarcasmo: "Como o rei de Israel se destacou hoje, tirando o manto na frente das escravas de seus servos, como um homem vulgar!" (2Samuel 6.20).

Sabe o que me impressiona em Davi? Não é sua realeza. É o fato de ele não ter medo de tirar seus mantos reais. Esses mantos simbolizam sua identidade e segurança como rei de Israel. E imagino que havia mais pressão para que agisse como um rei na solenidade. Ele tinha uma reputação a proteger. Ele tinha uma coroa a representar. E reis não tiram o manto e dançam.

Ninguém sabia disso melhor que Mical. Afinal, ela era filha de um rei. Ela cresceu no palácio. Ela conhecia o protocolo. E aposto que seu pai, Saul, era muito majestoso. Na verdade, acho que Saul acordou com arranhões no rosto porque dormiu com a coroa. Saul era totalmente voltado para a imagem. Mas Davi era totalmente voltado para o conteúdo. Ele não encontrava sua identidade e segurança em sua posição de rei de Israel. Ele encontrava sua identidade e segurança no Deus que o ungiu rei de Israel.

Por isso, Davi tira o manto e dança sem inibição diante do Senhor.

Tenho certeza que Davi ficou frustrado. É o dia mais importante de sua vida, e a esposa tira um pouco de sua alegria ao criticá-lo. Contudo, Davi mantém-se firme em seus princípios.

> Foi perante o SENHOR que eu dancei, perante aquele que me escolheu em lugar de seu pai ou de qualquer outro da família dele, quando me designou soberano sobre o povo do SENHOR, sobre Israel; perante o SENHOR celebrarei e me rebaixarei ainda mais, e me humilharei aos meus próprios olhos. Mas serei honrado por essas escravas que você mencionou. (2Samuel 6.21,22, *AEC*)

Parafraseando esse versículo:

> Estou disposto a agir como tolo a fim de mostrar minha alegria no SENHOR. Sim, estou disposto a parecer até mais tolo que isso.

Parte da maturidade espiritual é se importar menos e menos com que os outros pensam a seu respeito e mais e mais com o que Deus pensa. Parte de levar Deus mais a sério é levar você mesmo menos a sério. As pessoas mais santas e mais saudáveis do mundo são aquelas que mais riem de si mesmas. E adivinho que Davi e seus homens riram por anos por causa dessa dança. Duvido muitíssimo que Davi seria convidado a participar do quadro *Dança dos Famosos*; tenho certeza de que se fosse se irritariam com ele. Com certeza, sua guarda pessoal, até mesmo Benaia, imitaria a dança dele. *Façamos como Davi*. Mas imagino que ninguém riria mais alto que o próprio Davi.

Só acho que Davi não se importaria nem um pouco com o que as pessoas de seu séquito real pensariam sobre sua habilidade como dançarino. Davi não dançava para conseguir o aplauso humano. Ele dançava diante de Deus. E imagino que Deus, aquele dia, deu uma boa gargalhada.

Uma palavra hebraica para adoração é *hallal*, cujo sentido é "clamorosamente tolo".

A adoração, em certo sentido, é tola, não é mesmo? Cantar para alguém que você não pode ver. Levantar as mãos para alguém que você não pode tocar.

De vez em quando Lora e eu, quando a música certa toca no rádio, fazemos um pequeno improviso de festa dançante em nossa Caravan Dodge. Aumentamos o rádio e fazemos alguns movimentos. Nossa cabeça balança e nosso corpo ginga. E, se realmente entramos no espírito, nossa *minivan* chacoalha para cima e para baixo. Nossos filhos acham que estamos loucos — mas a pessoa no outro carro tem certeza de que *realmente* estamos loucos.

Mas quem é louco? Nós? Ou a pessoa que não consegue ouvir a música? Gosto de pensar que loucos são os que não dançam porque não conseguem ouvir a música.

Este é um provérbio antigo: "Os que não escutam a música acham que o dançarino está louco".

É isso que acontece em 2Samuel 6, certo? Davi ouve a música; Mical não.

Então, quem é louco?

Tudo que sei é isto: se tivéssemos audição ultrassônica que nos permitisse sintonizar na frequência do céu e ouvir os anjos cantando, a música literalmente tiraria nossos pés do chão. Imagino que dançaríamos como Davi.

Penso que Davi nos fornece uma imagem de adoração absoluta. Adorar é despojar-se. É tirar as coisas exteriores ao nosso relacionamento com Cristo para encontrar nossa identidade e segurança nele. Isso é um lembrete de que nossos mantos reais são como "trapo[s] imundo[s]". A adoração não diz respeito ao que podemos fazer por Deus; mas ao que ele pode fazer por nós. E essa compreensão produz a maior liberdade do mundo: não ter de provar nada. Davi, em vez de tentar comprovar-se como rei de Israel, estava absorvido pela adoração ao Rei dos reis.

Incivilizado

O filme *Rocky III* tem uma cena poderosa. Claro que todas as cenas em todos os *Rocky* são poderosas, não é mesmo?

A propósito, se fizessem um filme de *Na cova com um leão em um dia de neve*, sei quem gostaria que fizesse o papel de Benaia. Acho que Benaia é uma mistura de Rocky com Rambo. Mas se não pudesse ter Sylvester Stallone no papel, acho que Mel Gibson ou Russell Crowe também serviriam para esse papel. Benaia parece uma mistura de William Wallace e Máximo.

Amo a cena em que Rocky começa a ficar brando. Ele está ficando civilizado. Ele alcançou fama no boxe e perde seu ardor pela luta. E Mickey, seu agente, diz para Rocky: "Aconteceu com você a pior coisa que poderia acontecer com algum lutador — você ficou civilizado".

Pergunto-me se não seria exatamente isso que Jesus diria para nós.

Você ficou civilizado.

As únicas pessoas civilizadas que vejo ao ler os evangelhos são os fariseus. João Batista era incivilizado. Preste atenção apenas na alimentação e nas roupas dele. Ele come gafanhoto e veste pelo de camelo. Sem dúvida, isso se parece mais com os 12 discípulos de Jesus, escolhidos a dedo, que eram totalmente incivilizados. Jesus mesmo não era domesticado.

Nas palavras de Dorothy Sayers:

> Deve-se fazer justiça às pessoas que penduraram Cristo, pois elas nunca o acusaram de ser enfadonho — ao contrário, elas o achavam dinâmico demais para ser salvo. Foi deixado para as gerações posteriores silenciarem aquela personalidade instigadora e cercá-la de uma atmosfera de tédio. Aparamos com muita eficiência as garras do Leão de Judá, assegurando que ele fosse "manso e brando" e recomendando-o como filhote domesticado adequado para pálidas curas e piedosas senhoras.[7]

Um de meus episódios do evangelho de que mais gosto é quando Jesus expulsa os cambistas do templo. Ele transformou uma Páscoa rotineira em um ato de circo ou de perturbação da ordem pública.

> Então ele fez um chicote de cordas e expulsou todos do templo, bem como as ovelhas e os bois; espalhou as moedas dos cambistas e virou as suas mesas. (João 2.15)

---

[7] SAYERS, Dorothy, "The Greatest Drama Ever Staged", in: *Letters to a Diminished Church*. Nashville: W. Publishing Group, 2004.

Para ser totalmente honesto, esse furor no templo costumava causar discórdia interna. Quem Jesus era não se ajusta a minha caricatura do flanelógrafo. Pareceria fora da personagem. Mas acho que subestimamos e depreciamos esse lado de Jesus. Tendemos a retratar Jesus apenas como o manso Cordeiro de Deus. Mas, naquele dia, havia muito furor nos olhos dele.

Para mim, a parte mais excelente da história foi que Jesus mesmo fez o chicote. Ataque de novo, Indiana Jones!

Fico impressionado com os camaradas que conseguem trocar o óleo, mas isso que Jesus fez requer macheza em uma dimensão totalmente nova. Imagino que, no dia seguinte, o maxilar dos discípulos estava dolorido, pois devem ter ficado de queijo caído quando viram Jesus flexionar seus músculos íntegros. Esse incidente revela uma dimensão da personalidade de Jesus que não haviam visto: "Seus discípulos lembraram-se que está escrito: 'O zelo pela tua casa me consumirá' " (João 2.17).

Tenho uma convicção fundamental: os seguidores de Cristo devem ser as pessoas mais apaixonadas do planeta. Ser como Jesus é ser consumido pela paixão. A palavra *entusiasmo* vem de duas palavras gregas, *en* e *theos*, que juntas querem dizer *em Deus*. Quanto mais estamos em Deus, mais apaixonados nos tornamos.

Perseguidores de leão não têm medo de conflito. Não têm medo de arriscar sua reputação por espantar as cobras do templo. E eles não têm medo de arriscar a vida ao caçar um leão em uma cova. Eles, com frequência, parecem tolos enquanto *agem*. Chega a parecer que eles têm um desejo mortal. Mas perseguidores de leão têm *desejo de vida*. Eles vivem de forma plena porque estão dispostos a parecer tolos.

Revisão do capítulo 8

Pontos a lembrar

- Você tem de estar disposto a parecer tolo aos olhos do mundo.
- Se não estiver disposto a parecer tolo, você é tolo. Na verdade, fé *é* a disposição de parecer tolo.
- Maturidade não é a mesma coisa que conformidade.
- A forma como crescemos espiritualmente é nos tornando cada vez mais semelhantes à criança.
- Em outras palavras, o constrangimento não é apenas uma maldição. Ele é parte da maldição.
- Parte da maturidade espiritual é se importar menos e menos com que os outros pensam a seu respeito e mais e mais com o que Deus pensa.
- Os seguidores de Cristo devem ser as pessoas mais apaixonadas do planeta. Ser como Jesus é ser consumido pela paixão.

Inicie sua caçada

Mark diz que os perseguidores de leão "vivem de forma plena porque estão dispostos a parecer tolos". Você sente que perde as bênçãos porque tem muito medo de parecer tolo? Hoje, tente fazer uma coisa "tola" importante para Deus e veja se a graça não é maior que o constrangimento.

CAPÍTULO 9

Solte o caçador de leão que existe em você

Não tema que sua vida chegue ao fim,
Mas, antes, tema que talvez
nunca tenha um início.

JOHN CARDINAL NEWMAN

Quando estava no seminário, senti que Deus me dera dois sonhos para perseguir. Um era implantar igrejas. O outro era escrever um livro. Não fazia a menor ideia de como ou quando esses sonhos se tornariam realidade, mas sabia que eram leões que eu fora chamado a perseguir.

Vivo o sonho da igreja há uma década, servindo como pastor na National Community Church [Igreja Comunidade Nacional] em Washington D.C. No entanto, perseguir o sonho de escrever foi um caminho muito mais íngreme e tortuoso. Comecei a pastorear a National Community Church pouco depois de concluir o seminário, mas o sonho de escrever estava cheio de percalços e falsos inícios. Tenho meia dúzia de manuscritos pela metade, armazenados no disco rígido de meu computador, e algumas cartas rejeitando meus projetos, arquivadas em minhas pastas. Assim, embora sentisse que fora chamado a escrever para pastores, como faço, houve momentos nos últimos dez anos em que desejei que Deus jamais tivesse feito essa transferência de arquivo com o sonho de escrever para mim. Era como uma pedra em meu sapato, uma fonte constante de irritação e frustração. Quanto mais tempo eu passava sem cumprir esse sonho, maior a sombra que se lançava em minha vida.

Então, alguns anos atrás, publiquei de forma independente meu livro. Gostaria de dizer que tornou-se um *best-seller* da lista do jornal *New York Times*, mas não foi. Na verdade, apenas 57 cópias foram vendidas na primeira impressão. Meu primeiro cheque referente a *royalty* foi de apenas 110,43 dólares. Vamos dizer que Lora e eu não começamos a fazer planos de aposentadoria. Contudo, continuei a perseguir o leão.

Depois de uma década de sonhos frustrados, sincronicidades sobrenaturais, à esquerda e à direita, começaram a acontecer. No capítulo 1, afirmei uma de minhas convicções mais essenciais: Deus participa diretamente dessa tarefa de nos posicionar estrategicamente no lugar certo na hora certa. Isso não é só uma boa teoria. É a realidade. Tenho um inabalável senso de propósito porque sei que Deus, enquanto eu perseguir o chamado do Senhor para minha vida, é realmente o responsável para me levar até onde ele quer que eu vá. O mesmo é verdade para você. E espero e oro que *Na cova com um leão em um dia de neve* seja uma dessas sincronicidades sobrenaturais que ajude você a perseguir seu leão.

HABILIDADES DE CAÇADORES DE LEÕES

Já conversamos sobre sete habilidades distintas de que você precisa se quiser ser um caçador de leão. Você tem de começar a tentar compreender a infinitude de Deus de forma a acreditar que é possível vencer as probabilidades. Tem de enfrentar seus medos, ou eles o refrearão para sempre. Tem de aprender a recompor seus problemas por meio da leitura da Escritura, da oração e da adoração. Assim, mudará sua perspectiva para que seu problema passe a ser menos relevante, e a grandeza de Deus se torne mais evidente.

E lembre-se, você *tem de* assumir riscos. Essa é a essência da fé. E, então, está pronto para agarrar a oportunidade. Todavia, você deve ser capaz de vê-la para agarrá-la. Isso quer dizer manter-se em sintonia com o Espírito Santo. Tem de ouvir a sua voz suave e tranquila estimulando-o e também tem de acreditar que ele está preparando você para ser bem-sucedido. Finalmente, você tem de aceitar que, algumas vezes, você será considerado louco. Perseguir um leão, em geral, é algo que as pessoas consideram uma loucura. Mas seguir Cristo é fazer a vontade de Deus, independentemente de quão louco você possa parecer durante o processo.

Essas habilidades são um pacote de negociações. Não é possível apenas aceitar uma ou duas opções do pacote todo. E, se você aplicar todo ele, começará a viver de forma mais plena.

Peço permissão para lhe perguntar: *Que leão Deus o chama a perseguir?*

Olho no olho com seu leão. Por que Deus o poria defronte a você? Que benefício Deus pode ter a sua espera do outro lado desse desafio? Talvez seja uma lição que ele quer que você aprenda. Não foque apenas o fator medo. Tente ver a cena toda.

O que você pode perder se deixar que o medo dite suas escolhas? Será que vale realmente a pena sentir-se "seguro"? Talvez Deus queira mostrar algo sobre você mesmo ou sobre ele, mas você jamais saberá a menos que persiga seu leão. Assim, quando tiver seu leão encurralado em uma cova, descobrirá que seu rugido é pior que sua mordida, quando você tem Deus ao seu lado.

Portanto, qual é seu primeiro movimento? O que você pode fazer hoje para ficar um pouco mais perto de pegar seu leão? Seu primeiro passo pode ser pequeno, mas isso não faz com que seja irrelevante. Desde que continue a seguir os passos de Cristo, cada pequeno passo é um grande salto.

Estou convencido de que muitos de nós estamos a um leão de distância de nossos sonhos se tornarem realidade. Não posso prometer que a perseguição a esse leão será breve ou fácil. Ela envolve medo, incerteza e risco. No entanto, como você acaba na vida tem a ver com a forma como reage quando cruza um caminho com um leão.

Se fugir do leão, um dia perceberá que na verdade você está fugindo de você mesmo — e de Deus. Seus problemas e sonhos continuam a assombrar você. Mas as boas-novas são que você sempre pode voltar atrás, e Deus lhe dará uma segunda chance.

Quando leio um livro bom, o Espírito Santo tem uma forma de trazer à tona pensamentos e sentimentos que estiveram adormecidos há meses e anos. Algumas vezes, um sonho esquecido vem à tona. Ou um problema não-resolvido. Ou ainda uma oportunidade que passou despercebida.

À medida que você lê *Na cova com um leão em um dia de neve*, espero que o Espírito Santo traga à tona coisas em seu espírito: problemas que precisam ser recompostos e reordenados, riscos que precisam ser assumidos, medos que precisam ser desaprendidos.

Espero que este livro lhe dê coragem para perseguir leões em sua vida.

O GENE DO CAÇADOR

Um dos lugares que mais gosto em Washington D.C. é a Theodore Roosevelt Island. Essa ilha fica bem no meio do rio Potomac, próximo a Georgetown. Meus filhos a amam porque é um habitat no meio de uma selva urbana. Além disso, é preciso atravessar uma ponte pênsil só para pedestres para chegar à ilha. Eles amam perseguir lagartos e pegar girinos, mas, em nosso último passeio a esse local, deparamo-nos com uma caça maior, um encontro inesquecível. Estávamos procurando lagartos, quando Parker viu uma manada de veado de cauda branca a menos de três metros de distância da trilha.

Não tinha a menor ideia de que havia veados na ilha. E não faço a menor ideia de como chegaram ali. E passamos a meia hora seguinte rastejando em meio aos arbustos, perseguindo veados. Parker, Summer e Josiah estavam a postos. Eles se divertiram até! Por quê? Porque as crianças amam perseguir coisas. Especialmente as coisas selvagens.

Meus filhos amam perseguir borboletas. Amam perseguir coelhos. Amam perseguir o pai. E amam perseguir uns aos outros.

É como se tivéssemos nascido com o gene do caçador. Isso faz parte de nosso DNA. Precisamos perseguir algo. Podemos crescer e parar de perseguir borboletas, mas, ainda assim, precisamos continuar a perseguir. Então, rapazes perseguem moças, e moças perseguem rapazes. Perseguimos os objetivos acadêmicos, atléticos ou artísticos. Perseguimos títulos. Perseguimos posições.

Creio que Deus nos criou para perseguir leões, mas, muitas vezes, essa caça não acaba bem ou é mal direcionada. Paramos de perseguir. Ou perseguimos as coisas erradas que nos levam ao caminho errado.

Talvez já esteja na hora de começar a perseguir Deus de novo. Talvez já esteja na hora de agarrar as oportunidades que Deus nos ordenou. Talvez já esteja na hora de soltar o caçador de leão que existe em seu íntimo.

Persiga o leão!
Para isso que você foi criado!

AGRADECIMENTOS

Sem o apoio e o encorajamento de minha esposa, Lora, este livro jamais teria visto a luz do dia. Amo perseguir leões com você!

Tenho certeza de que jamais teria coragem de perseguir leões sem meus pais, que acreditaram mais em mim que eu mesmo.

Agradeço a minha família da igreja, National Community Church [Igreja Comunidade Nacional], em Washington D.C. Realmente não gostaria de estar em nenhum outro lugar fazendo outras coisas com outras pessoas. Obrigado pelo privilégio de servir vocês.

Ao meu pessoal, amo viver e ministrar com vocês. Obrigado pelo que fazem e por quem são!

A Brian McLaren, pelo encorajamento no início dessa jornada de escrita.

A John Eames, por ser meu parceiro neste chamado.

À equipe da Multnomah, jamais imaginei que ter parceria com uma editora seria algo tão agradável. Obrigado por seu incansável esforço em transformar esse sonho em realidade.

A Kevin Marks, por me convidar a juntar-me à equipe e por seu precioso encorajamento ao longo da jornada. Aos meus editores, David Kopp e Adrienne Spain, por sua sabedoria, paciência e coragem. Vocês me transformaram em um escritor melhor. A John Myhre, por infundir sua criatividade neste projeto. A Jake Burts, por nos manter centrados na tarefa e no prazo.

Esta obra foi composta em *Adobe Garamond*
e impressa por Promove Artes Gráficas sobre papel
Offset 63 g/m^2 para Editora Vida.